本书受云南师范大学校级一般项目（批准号：2019BSXM17）
以及云南省哲学社会科学规划项目（批准号：QN202024）的联合资助

# 企业对外直接投资与创新绩效

陈晔婷 / 著

## ENTERPRISES'
## OUTWARD FDI
### AND
## INNOVATION PERFORMANCE

社会科学文献出版社
SOCIAL SCIENCES ACADEMIC PRESS (CHINA)

# 摘　要

在中国企业大规模"走出去"的背景下，本书试图探究以下几个问题。第一，企业对外直接投资能够带来创新绩效的提高吗？第二，企业对外直接投资影响创新绩效的作用机制是怎样的？第三，跨国公司进行知识转移会受到哪些情境的影响？上述问题不仅是学术界亟待解决的问题，而且是中国政府和企业制定"走出去"战略时必须考虑的问题。为了研究上述问题，本书结合结构方程模型和多元线性回归分析方法对本书提出的假设进行检验，主要结论和贡献包括以下三点。

第一，企业对外直接投资对创新绩效有正向影响。与"是否"进行对外直接投资对创新绩效影响的研究不同，也与以往文献关注企业对外直接投资方式（绿地投资、并购或建立研发中心）不同，本书从对外直接投资战略出发，考虑对外直接投资深度、对外直接投资广度以及对外直接投资速度对创新绩效的影响。其中，对外直接投资速度这一维度尚未被学者广泛讨论。结果发现，对外直接投资深度、对外直接投资广度对创新绩效影响显著。本书对对外直接投资战略维度的考量，丰富了关于维度的考察研究，并且拓展了对外直接投资对创新绩效影响研究的理论边界。

第二，对外直接投资深度、对外直接投资广度对隐性知识获取产生部分影响，隐性知识获取再影响创新绩效。中国作为世界市场的后入者，需要面对竞争激烈时可能形成的后入者劣势，而隐性知识则可以扭转缺乏境外经营经验造成的劣势，使企业快速融入东道国市场。通过对外直接投资获取和积累的隐性知识，不仅有助于企业获取技巧技能，拥有对新趋势、新技术敏锐的洞察力，而且也能指导企业做出有益于创新产出的决策。本书将隐性知识获取作为中介变量引入企业对外直接投资与创新绩效的关系模型，系统地探讨了隐性知识获取作为中介变量所发挥的作用，有助于进一步打开跨国公司对外直接投资对创新绩效影响的作用机制黑箱。

第三，本书还考虑了组织结构有机性和母国网络关系嵌入性两个调节变量。组织结构有机性和母国网络关系嵌入性在企业对外直接投资与隐性知识获取关系起调节作用，有机的组织结构和母国网络关系嵌入使进行对外直接投资的企业能够快速适应境外动荡的环境，通过降低不确定性增加隐性知识的获取，并且能够使企业更容易形成新的竞争优势。本书在以往研究的基础上，考虑了组织情境和母国网络关系两个影响因素，将组织结构有机性和母国网络关系嵌入性作为并列的调节变量进行考量，补充和丰富了影响因素的相关研究。

# Abstract

Under the context of the large-scale "going out" of Chinese companies, this thesis addresses the following issues. First, can corporate Outward foreign direct investment bring about an increase in corporate innovation performance? Second, how does corporate Outward foreign direct investment promote the improvement of corporate innovation performance? Third, what are the scenarios for multinational companies to transfer knowledge? The answer to the above questions is not only an urgent issue for the academic, but also a problem that the Chinese government and enterprises must consider when developing the "going out" strategy.

Specifically, based on the existing literature, this thesis reviews the research results of the three variables of Outward foreign direct investment, tacit knowledge and innovation performance, finds the shortcomings in the research, and constructs the research model of the thesis. Through the method of case study, the initial proposition is put forward, and the questionnaire survey method is used to collect the questionnaire data of Chinese enterprises for foreign direct investment. Through the discussion of the test results, the corresponding opinions and suggestions are obtained. The main conclusions and contributions of the thesis include the following three points.

1. Outward Foreign direct investment of enterprises has a positive impact on the innovation performance of enterprises.

Different from previous studies, the research on the impact of "direct investment" on innovation performance is different from the previous literature. It is different from the previous literature focusing on Outward foreign direct investment ( greenfield investment, mergers and acquisitions or establishment of R&D centers) . The impact of different Outward foreign direct investment strategies on innovation performance is considered in three aspects: the breadth of foreign direct investment and the speed of foreign direct investment. The results show that the depth of foreign direct investment, the breadth of Outward foreign direct investment have a significant impact on innovation performance. The thesis considers the strategic dimension of foreign direct investment, enriches the study of dimensions in previous research, and expands the theoretical boundary of the impact of Outward foreign direct investment on innovation performance.

2. The depth of foreign direct investment, the breadth of Outward foreign direct investment and the speed of foreign direct investment have a partial impact on tacit knowledge, and tacit knowledge affects innovation performance.

Tacit knowledge plays a part in mediating between Outward direct investment and innovation performance. This conclusion verifies the process and mechanism of the theory of " Outward direct foreign investment-tacit knowledge-innovation performance" . Enterprises can obtain tacit knowledge from overseas markets through Outward foreign direct investment. As a late-comer to the overseas market, China is likely to form a disadvantage of late-comers in the face of fierce competition, and tacit knowledge can alleviate the disadvantages caused by the lack of overseas business experience, so that enterprises can quickly integrate into the host country market. Through the tacit knowledge acquired and accumulated by OFDI, companies can not only acquire skills and skills, but also have a keen insight into new trends and new technologies, and then guide companies to make decisions that are beneficial to innovation. The thesis introduces tacit knowledge as a mediator variable to introduce the relationship model between Outward foreign direct investment and innovation enterprise performance, systematically explores the role of tacit knowledge as a mediator variable, and helps to further open the black box of the mechanism of Outward foreign direct investment of multinational corporations on innovation performance.

3. The paper also considers the two regulatory variables of organizational structure organicity and home network embedding.

The organic structure of the organizational structure and the embeddedness of the network relationship of the home country play a regulatory role in the relationship between the Outward foreign direct investment and the tacit knowledge of the enterprise. The organic organizational structure and the embedded relationship of the home country network enable the enterprises that make Outward foreign direct investment to quickly adapt to the overseas turbulent environment, educe uncertainty, increase the acquisition of tacit knowledge, and enable companies to overcome the rigidity of superior resources and form new competitive advantages.

Based on the previous research, the thesis considers the influencing factors of the organizational context and the network relationship of the home country that have not yet attracted attention, use the organizational structure organicity and home country network relationship embeddedness as parallel regulatory variables to supplement and enrich the relevant research on influencing factors

The research in the thesis expands the theoretical boundary of Outward foreign direct investment affecting the innovation performance of enterprises, and emphasizes that enterprises engaged in Outward foreign direct investment should better establish the initiative and awareness of external tacit knowledge acquisition, cultivate and enhance the conditions for enterprises to obtain tacit knowledge from Outward foreign direct investment, and finally realize the progress of enterprise innovation ability.

# CONTENTS

# 第一章

# 绪　论

## 1.1　研究背景与问题提出

### 1.1.1　研究背景

#### 1.1.1.1　现实背景

在经济全球化的背景下，通过对外直接投资渠道获取的境外研发资本能够显著提升一国的创新绩效，特别是对于发展中国家而言，更能起到缩短研发周期、节约研发成本的作用。企业通过对外直接投资能够提升具有比较优势的产品和技术的市场发展潜力，借鉴国外在技术层面和企业管理层面的经验，并结合企业自身特点提升综合市场竞争力。发展中国家企业的研究和发展（R&D）活动在全国经济增长和发展中越来越重要，而经济全球化为知识创造活动提供了更多机会。

在"一带一路"倡议的背景下，"走出去"战略成为我国企业发展的"新常态"。随着"走出去"政策的号召以及经济的发展，2010年"走出去"企业的数目增长显著，并且此后三年每年增速相近。

2013 年"一带一路"倡议提出后，进行对外直接投资的企业数目实现较大的增长。图 1.1 显示的是 2007～2017 年中国境外投资企业（机构）逐年增长情况。

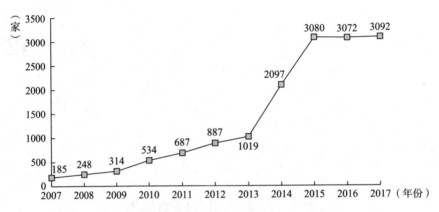

图 1.1　中国境外投资企业（机构）新增情况

资料来源：2007～2017 年《境外投资企业（机构）名录》。

虽然 2017 年中国对外直接投资流量数额有所下降，但 2016 年流量数额比 2002 年增长了 72.6 倍，占全球对外直接投资总额的比例从 0.5% 提升至 13.55%，从流量上看中国对外直接投资额度提高幅度较大。从图 1.2 中可以看出，继 2007 年对外直接投资的低谷期后，2008 年中国在国外对外直接投资严重下滑的背景下逆势上扬。2007 年至 2016 年的 10 年时间内，中国对外直接投资流量从 265.1 亿美元增加至 1961.5 亿美元，排名从全球第 17 位升至全球第 2 位。《2016 年度中国对外直接投资统计公报》中的统计数据显示，中国 2016 年对外投资数额远超母国吸引外资数额，实现近两年内直接投资项下资本净输出。

虽然"一带一路"倡议推动着中国企业对外直接投资的发展，但从目前的发展现状来说，中国企业对外直接投资发展历程较短，当前仍处于摸索建设初级阶段，在发展规模、资本积累、技术研发和创新、

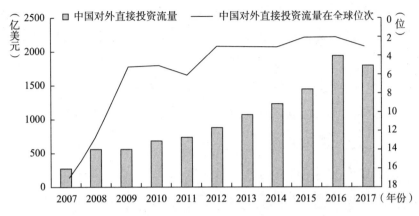

**图 1.2 2007～2017 年中国对外直接投资流量及全球排名情况**

资料来源：2007～2017 年《中国对外直接投资统计公报》。

人才培养等方面处于弱势。此外，目前"走出去"的企业中虽然不乏通过对外直接投资成功推动企业创新的企业，如联想成功并购 IBM 的 PC 业务，海尔集团在海外建立了 8 个研发中心，北汽成功收购瑞典萨博汽车的知识产权等。这些企业通过并购和绿地投资等方式，使自己在技术水平、产品研发能力等方面有了较大提高，快速增强了境外影响力和竞争力。然而不得不承认，有很多企业"走出去"却没能实现提高研发实力的目的。如 TCL 虽然是中国企业海外投资的先行者，但创新绩效没有得到显著提高。"走出去"是趋势和诉求，但没有达到预期目标的企业比比皆是。在这种背景下，我们应当尽可能发现失败的原因，找出自身的不足，这便于企业在实践中不断积累和完善对外投资领域建设经验和投资模式，也有助于中国对外直接投资取得更好的经济成效。

此外，中美贸易摩擦之后，发达国家对中国的技术封锁不断升级，中国企业特别是高技术企业通过对外直接投资的方式直接获取显性知识变得越发困难。在这种背景下，隐性知识的作用越发凸显。企业可以通过与境外子公司以及境外技术人员沟通交流来获取有益于创新的隐性知识，进而将其转化为显性知识来提高创新能力。虽然直接将专利和新产品反哺母国企业的趋势变缓了，但如果企业重视境外隐性知识的交流，创新能力依然可以通过对外直接投资的方式得到提升。因此，在这样的现实背景下研究隐性知识发挥的作用是非常有意义的。

### 1.1.1.2　理论背景

随着发展中国家推动对外直接投资战略的开展，传统的跨国公司理论在发展中国家对外投资的投资动机、东道国选择、进入东道国模式等方面难以有较好的解释。经典的直接投资理论中，具有代表性的是海默（Hymer，1976）提出的垄断优势理论。垄断优势理论以发达国家为研究对象，核心思想是为了减少在境外投资过程中产生的不可避免的成本，跨国公司必须具备一定的竞争优势，例如技术垄断等。在海默的垄断优势理论提出之后，又有学者陆续以发达国家的现状为背景提出新理论，如折衷理论等。这些理论对发达国家境外投资行为的动因、东道国选择以及进入东道国模式等进行了较好的诠释。然而，越来越多的发展中国家企业在境外并购和建厂，这些企业并没有竞争优势，但依然可以进行对外直接投资。这打破了传统理论的边界，经典的跨国公司理论难以解释这一类现象。对于发展中国家企业通过对外直接投资能够获取什么，受到哪些因素的影响等问题，经典的跨国公司理论也无从解答。在这样的理论背景下深入探究发展中国家对发达国家投资的机制与影响，对进一步丰富和完善该领域的研究具有一定的价值。

此外，融入世界市场的方式包括两种，即"引进来"和"走出去"。由于境外市场投资经验匮乏，且受到政策和环境多方面的限制，在改革开放初期中国融入世界市场的方式是以"引进来"为主。企业通过引进外资获取知识溢出，从而提高技术创新能力。而目前"走出去"发展时间尚短，学者们关于"走出去"的相关理论和实证研究尚不成熟，因此还有很多方面需要进一步挖掘和探索。特别是基于企业微观视角的研究较为少见。现有少量关于企业对外直接投资行为和创新绩效关系的研究，得出的结论尚不统一，而中国对外直接投资快速发展的实践迫切要求学者从理论和实证检验方面对其做出合理解释。因此本书在对相关核心概念进行界定的前提下，综合相关理论进行理论铺垫，在对以往研究进行回顾和评述的基础上进行实证检验，力求对跨国公司领域相关研究起到拾遗补阙的作用。

## 1.1.2　问题提出

本书立足于已有研究成果的不足之处，尝试将中国制造企业作为研究对象，探讨企业对外直接投资与创新绩效的关系。基于研究背景提出了如下三个问题。

问题一：企业对外直接投资能够带来企业创新绩效的提高吗？

少数研究企业对外直接投资对创新绩效影响的文献，通过数学的方法模拟企业未进行对外直接投资的创新情况，旨在通过对比发现"是否"进行对外直接投资对企业创新绩效的影响。与这种研究思路不同，考虑到各家企业采取的对外直接投资战略各不相同，甚至有些企业"走出去"的行为是没有慎重决策的跟风行为，本书认为只将企业按照是否"走出去"来分类还不够准确。因此本书意图考察企业采取的对外直接投资异质性战略对创新绩效的影响。

问题二：企业对外直接投资是怎样促进企业创新绩效提高的？

以往的研究认为，对外直接投资主要通过逆向的技术转移机制来促进创新，主要探讨显性知识的转移机制，而隐性知识发挥的作用常常被学者们忽略。然而，企业对外直接投资行为只是为企业提供了接近资源的途径，利用资源并将其有效地转化成技术创新能力则与企业所拥有的隐性知识密不可分。因此，本书在研究过程中将隐性知识获取纳入了考察范畴，重点研究隐性知识获取在对外直接投资与创新绩效之间起到的中介作用。

问题三：企业对外直接投资在什么条件下影响隐性知识获取？

依照知识基础理论的观点，隐性知识是企业重要的资源。隐性知识难以用语言表达，获取和转移都较为困难，因此研究企业通过对外直接投资获取隐性知识的影响因素，有助于企业快速获取和形成核心竞争优势。在现有的研究中，学者们考虑了影响知识转移的环境因素、企业领导者、高管团队等。本书试图从企业的组织层面入手，将组织内部的"组织结构有机性"以及组织所处外部环境"母国网络关系嵌入性"纳入考虑范畴，探讨对外直接投资与隐性知识获取之间的关系还可能受到哪些因素的影响。

## 1.2  研究意义

### 1.2.1  理论意义

尽管关于"对外直接投资"和"创新绩效"两个变量的现有研究取得了一定的研究成果，但仍存在着研究缺口。因此本研究通过对以往文献的梳理提出"对外直接投资—隐性知识获取—创新绩效"的基本研究框架并加以实证检验。本书的理论意义如下。

（1）拓展了相关研究的理论边界。对外投资是由发达国家率先发起的，因此早期较为成熟的理论和诸多实证研究都是基于发达国家的直接投资行为而被提出和开展的。中国企业"走出去"是在特殊的中国情境下展开的，与发达国家的投资动机和模式迥然不同，因此以往成熟的跨国公司理论无法很好地解释中国企业"走出去"的现象。而发展中国家企业"走出去"起步较晚，发展时间较短，因此以发展中国家企业为研究对象的研究还较为匮乏。因此，本书在中国情境下以中国企业为研究对象，能够弥补现有研究的不足，同时拓宽发展中国家对外直接投资理论的边界。

（2）丰富了跨国公司研究领域中关于对外直接投资的研究视角。现有的关于对外直接投资行为的文献，常常将企业对外直接投资行为视为同质的。少数学者试图从企业异质性视角考察企业的对外直接投资行为，包括母公司的特征以及进入东道国的方式等，但还鲜有学者关注到对外直接投资战略的不同。企业采取不同的对外直接投资战略，会对企业创新绩效产生不同的影响。因此本书研究不同对外直接投资战略对创新绩效的影响，弥补了现有研究的不足，丰富了跨国公司领域相关研究。

（3）对对外直接投资对创新绩效影响的相关研究进行了一定的补充。现有研究主要关注进行对外直接投资是否对创新绩效有影响，对于"走出去"影响创新绩效的作用机制关注得还不够充分。学者们普遍认为，企业主要通过并购境外的企业以及联合研发的方式获得境外的先进技术和产品，虽然考虑了并购过程中能够伴随着先进的管理理念以及管理经验的引进等，但隐性知识发挥的作用尚未得到系统的讨论。本书案例分析和实证分析的结果表明，不仅是显性知识，隐性知识也在发展中国家企业实现技术追赶的过程中扮演着重要的角色。因此，本书以微观企业为研究对象，将企业对外直接投资、隐性知识获取和创新绩效放在一个框架中考虑，试图较为充分地解释三者之间的作用机理，对当前对外直接投资与创新绩效关系研究进行拓展和补充。

## 1.2.2 实践意义

在经济全球化的今天，国家与国家之间竞争的核心就是生产力的竞争。发展中国家要实现生产力水平的提高，就必然要拥有较强的科技创新能力。然而，中国经过改革开放以来的快速发展，虽然综合经济实力得以显著增强，但是和发达国家之间的技术差距依然较大，创新能力仍然有待进一步提高。综观整个"十二五"期间，中国经济增长的科技进步贡献率仅从 50.9% 增加到 55.1%[①]，中国研发经费投入强度仅从 1.9% 增加到 2.1%[②]，这和国家设定的创新型国家目标存在着差距，也与发达国家和地区存在较大的差距，如图 1.3 所示。因此新形势下如何有效提升科技进步对经济增长的贡献率成为一个值得研究和深思的问题。

中国政府高度重视技术进步和创新水平的提升在引领经济发展中的重要作用。2016 年 4 月 6 日，国务院总理李克强主持召开国务院常务会议，会议通过了《装备制造业标准化和质量提升规划》，要求对接《中国制造 2025》，最终目的是实现制造业由大变强，不仅在一般消费品领域，而且在技术含量高的重大装备等先进制造领域勇于争先。发展中国家企业进行对外直接投资的动机类型主要包括市场寻求型、效率寻求型、资源寻求型和资产寻求型四种。中国企业采取市场寻求型投资是为了寻求境外市场从而解决中国产能过剩的问题；资源寻求型对外直接投资则是为了寻求石油和铁矿石资源等；效率寻求型也称为技术寻求型，通过从东道国获得技术密集型技术，加快企业在过渡期内的技术升级；资产寻求型是指通过内部培养、要素市场以及跨国

---

① 数据来自科技部。
② 数据来自国家统计局。

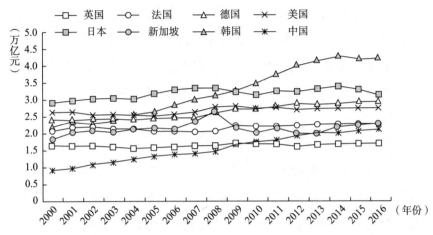

**图 1.3　2000～2016 年中国与世界技术发达国家 R&D 经费投入比较**

资料来源：OECD 数据库。

并购的方式拥有对竞争优势的形成和发展具有决定性价值的资源和能力。技术寻求型的投资能够使制造业企业获取境外先进的技术与专利，提高企业的技术发展水平和自主研发能力。制造业企业进行对外直接投资不再局限于追求境外的能源资源和境外市场，而是趋向于追求高附加值、获取境外先进技术与专利。在当前开放经济条件下，如何有效利用企业对外直接投资渠道提升创新绩效，对于作为世界第二大对外直接投资国的中国的企业形成自身竞争优势具有重要的现实意义。

## 1.3　研究概念简介

### 1.3.1　对外直接投资

商务部、国家统计局和国家外汇管理局联合发布的《2016 年度中国对外直接投资统计公报》认为，对外直接投资是指"我国企业、团体等（以下简称境内投资者）在国外及港澳台地区以现金、实物、无形资产等方式投资，并以控制国（境）外企业的经营管理权为核心的经济活动。对外直接投资的内涵主要体现在一经济体通过投资于另一经济体而实现其持久利益的目标"。通常进行对外直接投资的国家被称为"母国"（Home Country），而接受投资的国家被称为"东道国"（Host Country）。

既然越来越多的企业选择"走出去"，那么"走出去"会给企业和母国带来怎样的影响呢？由于商品经由出口在全球范围内会展现出一定的竞争力，因此学者们的研究聚焦于对外直接投资与出口的贸易互补或贸易替代关系。Gopinath 等（1999）通过建立联立方程模型，考察了美国食品行业的 OFDI 与贸易的关系，发现直接投资与出口是相互替代的。中国大多数学者通过对中国的数据进行实证分析得出结论，对外直接投资与出口之间是互补关系。陈俊聪和黄繁华（2014）利用 2003～2011 年中国对 40 个国家直接投资与出口贸易的面板数据，对境外直接投资与出口商品结构的关系进行实证研究，检验结果表明，OFDI 显著地促进了中国零部件、机械设备等中间产品的出口增长。张春萍（2012）采用中国 OFDI 与出口数据进行实证研究，发现 OFDI 对出口的影响作用非常显著。

OFDI 是否能造成产业空心化，是否影响就业等也是学者们研究的热点。Desai 等（2009）分析了 1982 年至 2004 年美国制造业内外部业务之间的关系，结果发现境外扩张增加了国内的就业。Debaere 等（2010）以韩国银行为样本，结合倾向得分匹配法来衡量对外直接投资对跨国公司母国的就业产生的影响，并将投资的东道国按照是否为发达国家进行了区分。结果发现，向不发达国家投资会降低公司的就业增长率，特别是短期内，向更先进的国家投资并不是一直显著促进就业增长的。而中国学者的研究得到了较为一致的结论，即中国企业对外直接投资对国内就业产生了显著的正向促进作用（蒋冠宏，2016；李宏兵等，2017）。还有学者关注了 OFDI 促进产业升级的问题（Ritchie，2009）。中国 OFDI 与国内产业升级之间具有正向影响关系（卜伟、易倩，2015；赵云鹏、叶娇，2018），企业投资动机不同，其作用机理不同（潘素昆、袁然，2014）。

近年来，有部分学者将注意力集中在中国对外直接投资与生产率之间的关系研究上。杜龙政和林润辉（2018）基于中国 2003～2015 年的省际面板数据，认为对外直接投资产生的逆向技术溢出显著影响创新能力。袁东等（2015）基于 2002～2008 年我国制造业企业数据和对外直接投资数据，考察了对外直接投资对母公司企业生产率的影响，并着重考察了母公司特征和子公司进入策略在其中的作用。尹忠明和李东坤（2014）基于中国 2003～2011 年的省际面板数据，利用数据包络法和相对价格法探讨了中国对外直接投资对全要素生产率的影响效果。苏莉等（2017）利用数据匹配法为 2009～2013 年 149 家对外跨国并购的上市公司找到可供比较的对照组，运用倍差法检验了企业对外跨国并购对生产率的影响，并发现中国企业对外跨国并购总体上并没有显著地提升企业生产率。

综合上述论述，本书认为对外直接投资对母国的影响大致如图1.4 所示。

基于上述文献，本书发现现有文献在对外直接投资的绩效方面还留有较大的研究空间。而本书主要关注对外直接投资与创新绩效之间的关系，虽然目前已有文献涉及了对外直接投资对生产率的影响，不过仍然以宏观层面的研究为主。由于中国企业"走出去"时间较短，并且获取企业个体的对外直接投资和创新产出的二手数据较为困难，因此即便研究企业对外直接投资对创新绩效的影响是非常重要且有意

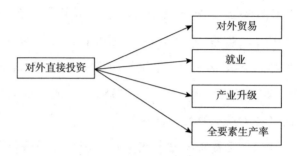

**图 1.4 对外直接投资对母国的影响**

义的课题，但目前尚未得到充分的研究。此外，通过为数不多的已有文献可以发觉，该研究课题可以在作用机制、研究视角、研究结论等方面进行补充和讨论，具有进一步深入研究的可能和必要。

企业进行跨国经营本质上是一个动态的现象，是企业在境外市场的参与度随着时间动态调整的过程（Welch and Luostarinen，1988）。本书认为，企业采取对外直接投资的战略应是多维度的，不仅要考虑境外市场参与的深度和广度，还要考虑时间维度。对外直接投资是国际化形式的一种，Barkema 等（1998）发表的较为经典的文献将国际化过程细分为速度、节奏和程度三个维度，参考 Barkema 的定义，本书从战略视角将对外直接投资细分为对外直接投资深度（Scale）、对外直接投资广度（Scope）和对外直接投资速度（Speed）①。根据北欧学派的乌普萨拉模型②，境外经营是一个企业递进决策的过程，企业通过逐步收购、整合和利用境外市场，逐渐深入参与世界市场。参考上述概念，本书认为对外直接投资深度指的是企业对某一特定市场资

---

① 由于中国对外直接投资时间尚短，而对外直接投资节奏测算需要较大时间跨度，因此本书暂不考虑对外直接投资节奏。

② 乌普萨拉模型是 Uppsala 大学的学者在分析瑞典国际化理论时提出的，是一种渐进式的国际化理论。

源投入的程度；对外直接投资广度则指的是企业"走出去"在地理上和业务上分布的广泛程度。

对外直接投资速度体现的是对外直接投资的时间维度。对外直接投资速度涉及企业资源和投资机会的统一协调，是对外直接投资进程的重要方面，也是对外直接投资绩效的决定因素之一（Correa et al.，2014）。速度维度是近年来才引起学者重视的，关于速度指标的确立尚没有得到统一。Love 等（2016）采用问卷调查的方式考察了英国的出口企业，将初始进入速度作为衡量国际化速度的指标。这些研究将国际化速度作为单维的变量。也有学者认为速度指标应当是多维的，Casillas 等（2013）就采用投资增长速度（境外销售收入所占比重的增长速度）、投入速度（两个特定时刻之间境外新建子公司数量、建厂数量、收购境外公司数量等）、境外市场分散速度（企业新近资本投资的国家数量的增加、销售的地理范围的扩大）三个维度进行刻画。以单一指标衡量对外直接投资速度不够全面，因此本书认为对外直接投资速度既包含了企业进入东道国的速度，也包含了企业在东道国的发展速度和扩张速度，具体的指标测算在第五章进行详细描述。

学者们通常将企业的境外经营程度称为国际化程度（López-Morales and Casas，2014）。海外学者对国际化程度与绩效之间的关系做了较为充分的研究。其中，有些研究考察企业对外直接投资的行为，但依然采用"国际化"对其进行描述，本书基于这些文献来梳理对外直接投资深度、对外直接投资广度、对外直接投资速度对创新绩效的影响。

**1. 对外直接投资深度、对外直接投资广度对创新绩效的正向影响**

多数学者表示，加深对外直接投资程度会给企业带来更多的盈利。虽然对外直接投资会产生成本，但产生的收益超过了成本。得到这类结论的学者较多。Bolaji 等（2014）试图研究发展中经济体的跨国银行境外投资程度对经济效益的影响，选择 2008～2010 年拥有全资子公司的尼日利亚上市银行的横截面数据，采取 SATA（海外子公司资产占总资产比重）作为境外投资程度的替代变量，采用普通最小二乘法进行分析，得到的结果是境外扩张能给企业带来更好的经济效益。Kirca 等（2016）采用 2007～2012 年印度进行对外直接投资企业的面板数据，将 SATA（境外子公司资产占总资产比重）和 SSTS（境外子公司销售额占总销售额比重）的复合指标作为对外直接投资深度的替代变量，将 ROA 和 ROE 作为财务绩效的替代变量，证实两个变量之间存在正向的相关关系。

而有些研究表明，企业对外直接投资程度与绩效是反向相关关系。可能的解释是，随着时间推移，成本超出了收益。Siegel 等（2012）采用制造业上市公司数据，将 SSTS（境外子公司销售额占总销售额比重）、SATA（境外子公司资产占总资产比重）以及境外税收与总税收的比值的复合变量作为自变量，将企业资产回报率作为因变量，通过非跨国公司与跨国公司的对比进行实证结果发现，跨国公司境外投资程度的加深并没有使企业的经济效益增加。由于境外经营成本的存在，跨国公司的优势随时间推移而消失。

而 Thomas 等（2004）通过标准普尔 500 指数获取 1990～1994 年美国制造业的 151 家跨国公司数据，将 SSTS（境外子公司销售额占总销售额比重）、SATA（境外子公司资产占总资产比重）、SOS（境外子公司数量）作为复合变量，得到对外直接投资进程与企业绩效之间是非线性的、倒 U 形的关系。Ruigrok 等（2007）通过分析超过 8 年经营年限的 87 家瑞士跨国公司的数据，验证了两者间 S 形关系的存在。对外直接投资程度与绩效的关系如表 1.1 所示。

表 1.1　对外直接投资程度与绩效的关系

| 样本 | OFDI 程度测度 | OFDI 程度与绩效关系 | 代表学者 |
|---|---|---|---|
| 巴西上市公司 | SSTS | Performane / OFDI (上升直线) | Loncan 等（2010） |
| 尼日利亚银行 | SATA | | Bolaji 等（2014） |
| 印度企业 | SSTS、SATA | | Kirca 等（2016） |
| 律师企业 | SETE、SCOS | Performane \ OFDI (下降直线) | Brock 等（2008） |
| 美国、日本及韩国跨国公司 | 理论描述 | | Hennart 等（2007） |
| 制造业上市公司 | SSTS、SATA | | Siegel 等（2012） |
| 美国制造业企业 | SSTS、SATA、SOS | Performane ∩ OFDI (倒U形) | Thomas 等（2004） |
| 美国、法国及德国跨国公司 | SETE、SATA | | Garbe 等（2009） |
| 制造业企业 | SSTS | Performane ∪ OFDI (U形) | Elango 等（2007） |
| 印度制造业、服务业企业 | SSTS | | Contractor 等（2007） |
| 美国跨国公司 | SATA | Performane ∿ OFDI (S形) | Rugman 等（2010） |
| 瑞士制造业企业 | SOS | | Ruigrok 等（2007） |

## 2. 对外直接投资速度与企业绩效的关系

对外直接投资速度的研究处于起步阶段，目前尚不深入。对外直接投资速度维度的测量方法尚未统一，现有的研究主要集中考察对外直接投资的进入速度（初始速度）以及进入后速度（后续速度）两种。进入速度用来衡量从企业成立到企业首次进行对外直接投资的速度，进入后速度通常指的是企业完成首次对外直接投资之后的扩张速度。关于对外直接投资速度对绩效的影响，目前也尚未得到统一的结论。

持肯定态度的学者主要基于先行者优势以及规模经济来解释对外直接投资速度对绩效的影响。Chen 等（2014）通过中国的样本考察了对外直接投资速度对绩效的影响，认为快速融入东道国市场通过降低成本以及与一些东道国政府维持良好的关系形成迅速扩张的优势，通过东道国政府的各种优惠政策和"新入者优势"来提高绩效。Kalinic 等（2012）通过不同企业间的案例分析认为快速境外扩张具有灵活性，可以为初期关联程度低的不同项目提供更多的机会。

持否定态度的学者则基于时间压缩不经济和吸收能力有限性，认为加快对外直接投资速度会反向影响企业绩效。Jiang 等（2014）结合日本专利公司的实证结果表示，企业在加速资源开发和积累的同时会经历时间压缩不经济，因此会不利于企业绩效提高。Hashai 等（2011）基于以色列知识密集型跨国公司的实证数据认为，短期来看，刚成立的公司快速进行对外直接投资对企业绩效会产生反向影响，例如一些"天生对外直接投资"的企业就是如此。如果拥有丰富的经验则会减少快速对外直接投资企业未来的经验风险。

还有的学者得出了两者是 U 形和倒 U 形关系的结论。学者林治洪等（2013）通过对中国的上市公司数据进行实证分析，发现境外投资速度与企业绩效之间呈 U 形关系。Mohr 等（2017）基于 110 家零售商20 年的数据进行实证研究，将境外子公司数量与国际化年限的比值作为进入后速度的替代指标，认为对外直接投资速度与绩效呈倒 U 形关系。对外直接投资速度与绩效的关系如表 1.2 所示。

表 1.2　对外直接投资速度与绩效的关系

| 样本 | OFDI 速度测度 | OFDI 速度与绩效关系 | 代表学者 |
|---|---|---|---|
| 中国企业 | 进入东道国速度 | Performane（上升直线）OFDI | Chen 等（2014） |
| 日本制造业企业 | 进入东道国速度 | | Kalinic 等（2012） |
| 日本专利公司 | 子公司成立速度 | Performane（下降直线）OFDI | Jiang 等（2014） |
| 以色列知识密集型跨国公司 | 进入东道国速度 | | Hashai 等（2011） |
| 零售商 | 进入后的扩张速度 | Performane（倒 U 形）OFDI | Mohr 等（2017） |
| 中国制造业企业 | 对外投资程度的变化率 | Performane（倒 U 形）OFDI | Contractor 等（2007） |

通过对以往研究的梳理发现，海外学者已经对发达国家企业对外直接投资战略对绩效的影响展开了诸多讨论，对对外直接投资战略的衡量包括程度变量和速度变量。上述学者的研究对象不同，因此得到的结论也不相同。本书正是借鉴了这种研究思路，相比以往"是否"

进行对外直接投资的研究更进一步，本书认为要从战略的视角衡量企业的对外直接投资行为，不仅要考虑对外直接投资深度、对外直接投资广度，而且要考虑对外直接投资速度。

## 1.3.2 创新绩效

奥地利经济学家熊彼特（J. A. Schumpeter）是最先提出创新与经济发展具有直接或间接关联性的学者，并提出相关经济理论，在其《经济发展理论》（*A Theory of Economic Development*，1934）著作中提出创新名词在经济发展中的内在含义，该学者认为经济增速存在地域差异和时间差异的主要原因是技术创新的影响。OECD 出版的《奥斯陆手册》对创新概念进行综合论述，其中多数观点与 Schumpeter 对创新内容的理解保持一致。Schumpeter 认为，经济发展的本质就是新事物演变过程，也是对原有制度的破坏和再创造，表现形式可以是渐变演化，也可以是短时间内实现本质突破。

按照创造和转变对象的不同可以将创新分为五种，分别涉及新产品引进、新生产方法引进、新市场开发、新原料供应以及新工业组织。技术创新无论在实践层面还是在理论层面都被人重点关注，是最具产品效益创造力的重要创新形式。管理创新是在技术创新应用的基础上实现的辅助创新模式，通过各种非技术手段的组织建构、流程转变提升企业协调能力，也可以被称为组织创新。

Henderson 等（1994）通过研究产品生产阶段的不同环节提出，衡量企业创新绩效的参考依据分别是企业管理、组织、操作能力对产品生产需求的满足状况。Prahalad 等（2006）认为，技术创新在短时间内难以完成，本质上是多个过程的综合表现，其在不同阶段的行为具有层次性和递进性。Anker（2006）提出，创新绩效呈现的结果是复杂信息、较高水平技术以及知识等多种要素的混合产物，且与时代发展保持一致。当前，在信息技术飞速发展、知识探索不断深入的背景下，企业创新绩效突出信息技术体系的完善和知识平台的构建。通过以上表述可以得出，主流学术观点主张，以研发探索新技术作为支撑点实现创新，通过技术革命完善现阶段产品使用特性，或借助技术手段的进步促进生产效率的提升，进而实现提升产品的市场竞争和盈利能力的目标。

综上所述，本书认为企业创新绩效包括技术创新和管理创新，是指以新技术为支撑，以技术创新倡议为依据，通过引入新的独具特性的产品或者运用新的生产方法、生产工艺、生产组织形式，最终拥有提高企业市场利润的能力。按照创新来源的不同，企业的技术进步分为内源式自主研发创新和外源式技术进步（外部学习型的技术进步）。本书将这两种不同的技术创新路径分开来研究，虽然企业不可能单纯进行自主研发和技术引进（姚明明等，2014），但本书重点关注外源式技术进步的形成机制（从世界市场中学习）。

Romer（1989）是"内生增长理论"的主要支持者。该学者认为，推动技术创新的关键是企业原有的技术基础坚实以及研发人员创新水平较高。但此种解释不够全面，难以被学术界认可。动态能力理论关注创造新资源和更新现有资源，推动了人们对创新的深入理解（Bowman and Ambrosini，2003）。动态能力是企业在对市场环境具有较深了解的基础上，依据市场需求对地区间外部资源进行选择性搜集、学习、吸收并实现资源重组，以应对复杂市场变化的能力（Barreto，2010）。技术创新一直是现代经济的核心主题之一。当前，企业国际化发展趋势日益显著，企业间竞争加剧，为了保持市场优势，其产品的更新换代能力逐步增强，因此技术创新带来的发展动力对企业至关重要。技术创新带来的性能提升、成本缩减、效率提高等优势，将为企业拓展获利空间，同时也为企业提高生产力提供新路径和发展方向，有助于企业走可持续发展的战略道路。

学术界对于什么因素影响了技术创新做了大量的研究。宏观经济学家强调资金（马微、惠宁，2018；闫红蕾、赵胜民，2018）、外商投资（原毅军、孙大明，2017）、政府补贴（杨洋等，2015）、市场结构（Sheikh，2018）等宏观因素。而技术创新多以企业为主体，因此相关研究更应该从微观层面展开。当前已有的文献记载中，熊彼特（Schumpeter，1984）是最早提出创新概念的经济学家，该学者针对创新的实践应用层面提出假说解释：一是发展时间较短的中小企业是实施创新的主要载体，由于中小企业具有灵活性优势，因此具有创新探索动力；二是占据行业垄断地位的大企业具有创新优势，大企业具有充足的人力资本、资金、技术等资源供应，可为创新项目提供物质基础，具备实现研发与应用之间迅速转化的能力。从企业内部来看，政治关联（袁建国等，2015）、基于高阶梯队理论的企业家过度自信（Li et al.，2015）以及研发投入（陈恒、侯建，2017）对创新的影响等曾是被关注的重点，影响创新绩效的主要因素如表1.3所示。

进行境外的创新活动也是企业技术创新的决策之一。基于现有文献及现状，总结驱动企业做出决策的动因，包括以下三点。第一，市场对快速生产创新产品的需求以及有竞争性的低成本的需求，使得企业除了在境内，还要在境外获取技术和创新创意，于是产生了境外的研发行为，例如开放式创新等（Chesbrough，2003）。第二，跨国公司通过境外投资和联盟等形式进行国际化研发，主要是利用东道国的科技投入并且了解当地的市场需求，接近产品市场（Zedtwitz，2004）。第三，一些新兴经济体的政府提供了相应的优惠政策，用于鼓励国内

**表 1.3   影响企业创新绩效的主要因素**

| 视角 | 影响因素 | 主要观点 | 代表学者 |
|---|---|---|---|
| 宏观研究视角 | 金融结构 | 金融市场对自主创新的促进效应呈现明显的区域差异 | 马微等（2018） |
| | 股票流动 | 股票流动性好的企业创新能力更强。股票流动促进企业创新的作用机制包括扩大融资规模以及提高机构持股比例 | 闫红蕾等（2018） |
| | | 恶意收购和投资者不主动搜集信息导致股票流动性与创新负相关 | Fang 等（2014） |
| | 外商投资 | FDI 技术溢出存在门槛效应，随着对知识溢出吸收消化能力的增强，FDI 技术溢出对制造业技术升级的作用逐渐增强 | 原毅军等（2017） |
| | 市场结构 | 由于需求流动受到了价格管制的影响，因此市场结构限制了创新潜力的发展 | Sheikh（2018） |
| 微观研究视角 | 政府补贴 | 从企业性质角度来说，政府补助行为更能激发民营企业创新绩效实现阶段式增长；从要素扭曲地区程度来说，要素市场均匀地区实施政府补助对企业创新绩效影响显著性更强 | 杨洋等（2015） |
| | 研发投入 | 地区研发投入对创新能力的影响不限于简单线性关系或 U 形及倒 U 形框架，存在着以知识产权保护强度为三重门槛的复杂非线性显著特征 | 陈恒等（2017） |
| | 政治关联 | 证实了中国企业存在政治资源诅咒效应 | 袁建国等（2015） |
| | 高管过度自信 | 高管过度自信对创新绩效有积极的作用，环境变得复杂时会减弱这种作用 | Li 等（2015） |

和跨国公司的研发投入（Li and Zhong，2003）。企业通过向拥有先进技术的跨国公司进行学习，充分利用政府的支持以及自身的创新能力实现从模仿到创新的转型。基于此，本书重点考察中国企业的境外创新活动。

创新绩效是指对企业进行创新变革或完成某项创新活动带来的经

济产出进行评估，是对创新的综合评价。创新绩效涉及企业经营层面诸多因素，作为总体评估结果，难以从理论角度界定绩效好坏（Drucker，1994）。创新活动受外部经济状况、活动特质等不确定因素影响，因此对创新绩效的测量方法有多种，不同测量方法选定的参考指标不一致会对最终测量结果产生直接影响。间接测量法适用于初期研究领域，以 R&D 投入（毛其淋、许家云，2014）和使用专利数（冯根福等，2017）两种方式为主。经过实例验证，R&D 投入与产生积极效用的创新之间没有必然联系。由于专利数是否可以代表创新绩效受到学者的质疑，并且专利数的增加存在一定的滞后，因此本书认为采用问卷调查的方式获取各家企业的创新绩效指标更为准确。

## 1.3.3　隐性知识获取

隐性知识（Tacit Knowledge）这一概念与相关理论最初是由犹太裔的英国哲学家迈克尔·波兰尼于 1958 年在其代表作《个体知识》一书中提出的。迈克尔·波兰尼认为，人类的知识有两种，即显性知识和隐性知识，其中隐性知识是一种难以言述的知识，来自人的内心对事物的直觉和理解。近年来，学者们逐渐将隐性知识视为企业生产经营的重要竞争优势（Park et al.，2013）。企业开始重视隐性知识，以期借此获得竞争优势，从而在竞争激烈的市场中获得胜利。跨国公司分布世界各地，有很多子公司雇员分布在世界各处，因此跨国公司常被认为拥有多样化的知识。关于知识的分类，被学者广泛认同的就是显性知识与隐性知识的划分（Chen et al.，2010）。其中，学者对显性知识定义得较早且进行了很多定义，这些定义表达的意思是一致的。显性知识是指能够在操作手册中被明确表达（Simmie，2003）、能够用语言传达的知识。而隐性知识是个人的，很难被正式化，是通过分享经验、观察和模仿（Gourlay，2002）来转移，隐性知识只能被感知、观察和体验，它是人们互相交流和与周围环境互动的产物，是不能被编码的（Coppedge，2011）。显性知识与隐性知识的区别如表1.4所示。

表1.4　显性知识与隐性知识的区别

| | 隐性知识 | 显性知识 |
|---|---|---|
| 属性 | 个人的，存在于特殊环境下，潜在的 | 可编码的，可以被表达的 |
| 形态 | 非结构性，难以被记录、编码，难以准确用语言表达 | 结构化的，可以用语言文字记录 |
| 出现位置 | 大脑 | 文档、书本、网页、文件等 |
| 出现过程 | 实践中摸索、错误经验中总结 | 理解和破译隐性知识中的信息 |
| 转化过程 | 将隐性知识通过类比的方式转化成显性知识 | 通过理解、同化、吸收将隐性知识转化成显性知识 |
| 技术 | 难以通过信息技术进行管理和维持 | 能够通过多媒体技术进行维持和转移 |

资料来源：Beijun，W.，Jian，L.，"Tacit Knowledge Transformation Based on Ontology"，International Conference on E-Business and E-Govemment（ICEE），30 Septtrmber 2010。

从学术角度分析，隐性知识的理论研究成果较为丰富，不同学者在研究方向、研究依据以及自身认知水平等方面的差异造成其对隐性知识内涵的理解有所差异，同时研究路径的多样化也为后期学者的补充性研究提供了机会。但尚未形成被普遍认可的隐性知识定义，学者对该名词牵涉的外延性知识的认知存在学术分歧。

本书描述的隐性知识获取是指企业通过中国境外的供应商、合作伙伴、竞争对手、顾客、政府、高校、科研机构等获取隐性知识的过程。参照不同学者的多样化研究视角以及对隐性知识丰富内涵的解释，本书认为，企业隐性知识是指员工在长期工作实践中获得的生产经验与技术手段，是与员工个体的行为、情感、直觉等内部因素相融合的知识，是难以用语言、规则形式表达和传递的知识，包括技术诀窍、操作技能、技巧、思维方式、认知方式、价值观、信念与文化等。知识获取包括外部知识获取和内部知识获取两种。外部知识获取指通过多种渠道和过程从外部获得企业所需新知识；内部知识获取指通过企业自身和内部的研发和学习来获取新知识。本书研究的隐性知识获取为外部知识获取概念，特指企业从中国境外的外部环境获取隐性知识。

## 1.3.4　组织结构有机性

组织结构是企业进行各项活动的载体，是对企业活动进行研究时不可忽视的一个因素。Alavi 等（2014）用机械和有机来描述组织结构的类型，机械和有机代表了组织类型的两个极端，即有机结构的灵活性和机械结构的刚性。其中，有机结构描述了一种能够改善灵活性的组织结构，这样员工就可以改变并且迅速适应变化的环境（Amiri，Ramazan，and Omrani，2010）。机械结构则被用来描述组织结构旨在引导企业员工用循规蹈矩的方式完成工作。机械结构适合稳定的环境，而有机结构适合动态、复杂和多变的环境。一个有机的组织结构鼓励员工在多变的环境中学习，为组织学习提供了良好的环境（Hao et al.，2012）。鉴于此，本书将组织结构有机性定义为组织结构趋向于完全有机式的程度。

有机式组织结构是一种松散、灵活、具有高度适应性的组织形式。企业的组织结构如果偏向有机式，那么企业内部职位会经常变动，各部门职能没有严格的区分。相比于机械式组织结构，在有机式组织结构内，组织成员更倾向于基于自身掌握的信息做出决策，彼此之间可以直接交流、传达信息，拥有非正式的工作流程及沟通方式（陈建勋等，2011）。

### 1.3.5　母国网络关系嵌入性

网络嵌入表明了企业在外部网络中所处的位置以及与外部网络中其他企业的相互关系，决定了企业所能获取、整合的外部资源的数量以及企业获取外部社会资本的能力（Musteen et al.，2010）。目前，有很多学者对网络嵌入进行了深入的研究。母国网络关系嵌入性指的是，进行对外直接投资的企业与我国境内其他企业相互理解、信任和承诺的程度。其中，信任是指交易一方对另一方不会利用自己的弱点来获取利益的信心，并且能够共同协作，解决问题和困难。

跨国公司母公司与子公司之间形成的网络被称为跨国公司的内部网络，跨国公司与自身（母公司和子公司）之外的供应商、合作伙伴、合资企业以及东道国政府等利益相关者之间形成的网络，通常被称作跨国公司的外部网络。外部网络既包括境外子公司与子公司周边的境外供应商、合作伙伴、合资企业等形成的东道国关系网络，也包括母公司与母公司周边境内供应商、合作伙伴、合资企业等形成的母国关系网络（见图1.5）。部分学者对跨国公司的内部网络（母公司与子公司之间）和东道国关系网络进行了一定的研究（Wei and Nguyen，2017；Chandra，2017），但母国关系网络及其是否能够影响跨国公司对外直接投资绩效则尚未引起充分的关注。

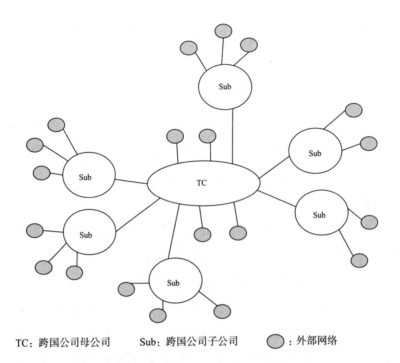

TC：跨国公司母公司　　　Sub：跨国公司子公司　　　：外部网络

**图1.5　跨国公司网络关系示意**

# 1.4　研究方法和技术路线

## 1.4.1　研究方法

根据研究选题采用适当的研究方法，是选题顺利进行以及研究结果真实可靠的保证。为了实现本书的研究目的、科学地回答本书研究问题，本书在研究设计与研究方法上决定采用文献分析、案例分析和统计分析等方法进行理论与实证分析。具体而言，在研究的理论阶段主要运用文献法进行理论归纳和演绎，通过案例分析的方法结合实际案例提出初始假设，在研究的实证分析部分采用统计分析方法验证假设的可靠性和正确性。

**1. 文献分析法**

文献分析方法是通过阅读、分析以及对相关文献进行分类从而识别文献本质属性的研究方法。通过文献研究系统梳理企业对外直接投资深度、对外直接投资广度、对外直接投资速度、创新绩效以及隐性知识获取等变量的概念、测量以及相关研究现状。首先，大量阅读关于对外直接投资、创新绩效以及隐性知识的文献；其次，对文献的主要研究成果和研究脉络进行梳理；最后，提出本书的研究框架和主要研究问题。在知识基础理论和动态能力理论的基础上，通过理论推导，在对外直接投资深度、对外直接投资广度、对外直接投资速度、隐性知识获取以及创新绩效之间构建一个统一的分析框架。

**2. 案例分析法**

首先，针对来自发展中国家的企业如何进入东道国获取竞争优势，并且在资源稀少的情况下削弱资源丰富企业的先发优势这些问题，现存的理论难以解释（Mathews，2006）。本书采用多案例对比的研究方法，能够较好地把握其内在的机制，从而在理论上实现进一步拓展（Yin，2010）。其次，案例研究作为一种经验性研究方法，能够再现和描述管理问题和决策过程，有利于清晰展现对外直接投资、隐性知识获取对企业技术追赶的作用机制和全过程。最后，多案例的研究通过反复验证的方式实现探索性案例研究有效性的增强。

**3. 统计分析法**

本书通过问卷调查获取数据并对数据进行科学处理，从而为理论假设提供经验证据。实证研究中的统计分析可以帮助我们提炼隐藏在数据中的用肉眼或常识无法感知的信息，并为研究结论提供数据支持，帮助我们发现研究对象之间的规律。当然，本书的实证研究是基于本书的研究问题、研究假设而进行的，没有为了追求数据间的关联性而忽视变量间的内在逻辑。本书的实证研究在统计分析阶段主要是对前期采集的一手数据进行描述性统计分析并运用 RStuido 工具，采用结构方程模型、多元线性回归方法对所得数据进行处理，实证检验了包含各个变量的关系模型。

## 1.4.2　技术路线

本书基于目前已有的研究成果，在以下五个方面进行了深化与拓展。

### 1. 以中国为研究对象

以往的研究多数以发达国家为背景讨论发达国家的境外投资行为，所形成的理论难以解释发展中国家进行对外直接投资的现象。因此，本书将新兴国家中最具代表性的中国作为研究对象，通过知识基础理论和动态能力理论解释在中国情境下企业对外直接投资对创新绩效的影响，为国际学术界提供来自中国的研究依据。

### 2. 微观研究视角

关于对外直接投资对技术进步的影响，中国学者多将生产率作为替代变量从宏观层面进行研究。但无论是对外直接投资决策还是创新绩效，都是企业层面的问题，因此本书通过案例分析和问卷调查方式从企业层面出发，用企业的数据对这一问题进行探讨，弥补了现有研究中微观企业研究的不足。

### 3. 拓展了对外直接投资与创新绩效研究的理论边界

少数研究中国微观企业对外直接投资的学者将研究的重点放在探究"是否"对外直接投资对企业创新绩效的影响。少数学者关注了企业异质性对对外直接投资与创新绩效的影响，但主要是从对外直接投资的类型（绿地或并购）以及企业生产率等方面着手。本书认为，企业实施对外直接投资战略的不同可能是导致企业能否实现技术追赶的一个重要原因，因此，本书从企业对外直接投资的异质性战略视角展开讨论，为该研究方向提供一个较为新颖的视角。除了较为常见的程度变量外，本书还将速度变量纳入框架中，丰富了以往研究中对维度的考察，拓展了对外直接投资对创新绩效影响研究的理论边界。

**4. 挖掘并剖析了隐性知识的作用机制**

在已有的关于对外直接投资企业进行技术追赶的研究中，隐性知识发挥的作用尚未引起足够的重视。有些学者注意到并购过程中获取的经验，但经验只是隐性知识的一个维度，隐性知识如何在后发国家企业实现技术追赶过程中发挥作用尚未引起学者们足够的关注。因此这种框架的整合拓展了对外直接投资与企业创新绩效的相关研究，并有助于挖掘企业"走出去"对创新绩效产生不同影响背后的机制。本书将隐性知识获取作为中介变量引入对外直接投资与创新绩效的关系模型，系统地探讨了隐性知识获取作为中介变量发挥的作用，有助于进一步打开跨国公司对外直接投资对创新绩效作用机制的黑箱。

**5. 进一步丰富知识转移的影响因素研究**

学者们关于知识在跨国公司的母公司和子公司之间流动受到哪些因素的影响展开了多维度讨论，包括知识的特性、知识来源的特性、知识接收者的特征和环境的特性。其中环境的特性包括组织环境和知识接收方与来源方之间的关系（网络）以及文化距离、制度距离、地理距离等。虽然目前的研究已经较为充分，但仍有进一步挖掘的空间，本书在以往研究的基础上，考虑了组织情境和母国网络关系两方面尚未引起足够关注的影响因素，将组织结构有机性和母国网络关系嵌入性作为并列的调节变量进行考量，补充和丰富了知识转移影响因素的相关研究。

综上所述，本书的技术路线如图 1.6 所示。

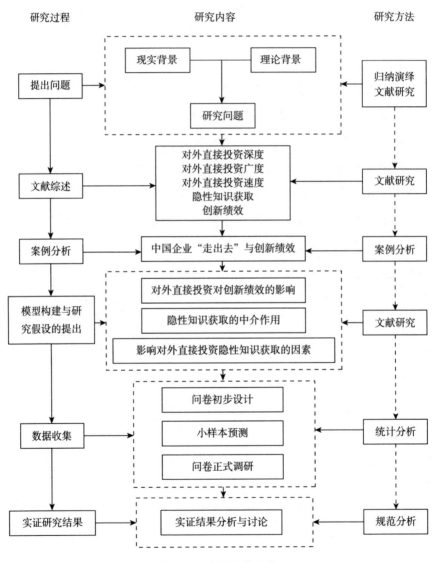

**图 1.6 本书技术路线**

## 1.5　小结

首先，本章基于对研究背景的描述与分析提出了本书的三个研究问题。第一，企业对外直接投资能够带来企业创新绩效的提高吗？第二，企业对外直接投资是怎样促进企业创新绩效提高的？第三，企业对外直接投资在什么条件下可以影响隐性知识获取？其次，从理论意义和实践意义两个层面来论述本书研究的重要性。在理论和现实的双重背景下，本书的研究是十分有意义和价值的，特别是在中美贸易摩擦之后，发达国家对发展中国家的高新技术限制越发严格，隐性知识的作用日益凸显。因此，考虑隐性知识在跨国公司中发挥的作用对企业和国家都具有一定的参考价值。最后，本章对书中的核心概念进行了定义，总结了本书的研究方法（主要通过案例分析和问卷调查方法获取研究数据），描述了本书研究的技术路线和创新所在，为后续研究的开展奠定了基础。

# 第二章

# 国内外研究进展

经典的跨国公司理论主要以发达国家为研究对象，包括产品生命周期理论（Vernon，1966）、国际生产折衷理论（Dunning，1977）等。其中 Dunning 的国际生产折衷理论，简称 OLI，传播性最广。它强调与所有权相关的公司特定优势（Why）、与区位相关的国家特有优势（Where）以及与组织结构相关的内部化优势（How）。OLI 范式对企业寻求超越自身边界、利用优势资源的行为进行了解释。发展中国家的境外投资行为由于技术依赖、政府较强的干预以及并不完善的制度等因素，往往不具备发达国家对外直接投资理论所要求的各种优势（Goldstein，2008）。因此原有跨国公司理论对其解释力度是极为有限的。少数学者基于发展中国家的对外直接投资行为提出了一些比较经典的理论，包括小规模技术理论（Wells，1983）、技术地方化理论（Lall，1983）以及技术创新产业升级理论（Cantwell and Tolentino，1999）。这些理论是解释后发企业实现技术追赶较为经典的理论，为后续学者进一步开展研究奠定了坚实的理论基础。本章将针对本书涉及的主要变量进行文献综述，通过对文献的梳理发现已有研究中存在的不足。

## 2.1　对外直接投资对创新绩效影响研究

对外直接投资与创新绩效的关系是近几年才开始引起学者关注的问题，因此目前的研究成果还较为匮乏。有少数学者探讨了对外直接投资对创新绩效的作用机制。这些研究主要探讨对外直接投资的逆向技术溢出机制对创新绩效的影响，但是尚未得到统一的结论。Yokota等（2010）发现以往的理论研究探讨了技术溢出产生的机制，但很少有人注意到对外直接投资是技术溢出的必要条件，并基于以往的实证研究结果提供了一个从东道国比较优势的角度来描述对外直接投资溢出效应的理论框架。Haiyang等（2013）依据以往的研究证明了在新兴市场，尤其是在中国，技术在外国公司和国内公司之间存在相互溢出。柴庆春和张楠楠（2016）采用中国 2006～2012 年 11 个行业的对外直接投资额数据，测算了其在 11 个主要国家投资所产生的研发溢出，并利用灰色综合关联度分析法验证了中国企业的对外直接投资产生了较为显著的逆向技术溢出效应。Bitzer 等（2008）选用经济合作与发展组织中 17 个国家的行业级数据，结合柯布—道格拉斯生产函数方法，将直接投资作为一个潜在的知识扩散渠道来考察。他们的研究没有发现国际的知识流动，但是发现对外直接投资的研发资本对非七国集团的国家会产生显著的负面影响。

此外，以中国企业为研究对象的文献中，关于对外直接投资对创新绩效影响的研究结论也不尽相同。毛其淋和许家云（2014）采用2004～2009 年的企业微观数据，实证检验"是否"进行对外直接投资对中国企业创新的影响。蒋冠宏等（2014）用倍差法检验了中国工业企业的技术率效应问题。他们得出的结论支持了后发企业能够实现技术追赶这一观点，还有些学者则得出不同的结论，认为对外直接投资对企业创新绩效没有显著正向影响，甚至是负面的。Luo 等（2007）认为跨国公司在境外经营要面临更大的风险，因此跨国公司可以在国内市场取得较大的收益，并且可以在东道国招聘当地的管理人员来弥补经验的不足。王英和刘思峰（2008）通过对中国 1985～2005 年不同渠道的外国研发资本存量进行实证研究，结果发现知识溢出并没有对中国的技术进步起到促进作用。李梅和柳士昌（2012）运用省际面板回归方法分析中国的技术溢出效应，结果发现中国东中西部的技术转移效应差距较大。尹东东和张建清（2016）利用中国 2003～2012 年的省际面板数据分析了中国 OFDI 的逆向技术溢出效应，结果表明现阶段积极的逆向技术溢出效应尚未显现。殷朝华等（2017）利用 2004～2014 年中国省际面板数据，采用面板回归方法实证研究了 OFDI 对中国创新的影响及其区域差异，研究发现现阶段 OFDI 对中国创新产生了显著的负效应，且具有明显的区域异质性。

综上所述，以往的研究对后发企业能否实现创新追赶的问题做出了初步探讨，但是得到的结论各不相同。本书认为可能的原因有两点：一是学者往往将显性知识作为对外直接投资产生逆向技术溢出效应的替代变量，显然这是不全面的；二是以往的研究将对外直接投资战略视为同质的，没有将对外直接投资战略进行细分可能导致结论的偏误。因此本书从对外直接投资战略异质性的角度出发，探讨不同战略条件对创新绩效的影响，并重点考察隐性知识所发挥的作用。此外，目前以中国为考察对象的研究大部分从宏观层面入手，由于无论是对外直接投资还是企业的创新能力都是企业微观层面的问题，因此本书以中国跨国公司为研究对象，从企业微观层面进行研究，意图为该研究问题提供微观层面的分析。

## 2.2　对外直接投资对创新绩效作用机制研究

关于对外直接投资对创新绩效的影响机制，以往的研究已有涉及，总结如下。

首先，企业可以通过引进境外先进技术以及联合研发（两国企业联合出资进行技术研发，例如成立境外联合研发中心）获得境外的先进技术，并将技术转移反馈给母公司（Bruhn et al.，2017）。这有助于后发国家企业快速掌握先进技术，进而提升企业技术水平，提高创新绩效。Ashraf 等（2016）采用 123 个国家 2003～2011 年的面板数据进行实证，发现在发达国家的并购对创新绩效的影响非常显著。结果显示 OFDI 通过逆向技术溢出效应显著提升了研发能力，并且这一效应还受到诸如人力资本（沙文兵，2015）、技术差距（尹建华、周鑫悦，2014）以及社会资源（李梅、柳士昌，2016）等因素的影响。岳中刚（2014）基于中国汽车行业的面板数据，实证发现设立境外研发中心对创新绩效提升具有显著作用。企业间的联合研发某种程度上可以降低研发费用和风险，这有助于企业开展研发活动，进而促进企业技术进步。

其次，对外直接投资的企业可能形成规模经济效应。规模经济效应指企业产出增加，单位产品的平均固定成本降低，这主要通过企业对外直接投资后出口增加来体现。从中国的经验研究来看，顾雪松等（2016）、程中海和张伟俊（2017）都认为 OFDI 造成了中国出口的增加，而更多的出口带来了更多产出，降低了固定成本，分摊了单位产品的研发成本，提高了创新产出能力。

最后，利润反馈机制是境外子公司营业利润的反馈。境外子公司在东道国开发市场并进行销售。境外子公司通过销售比国内子公司获取了更多的利润，这些利润可以为企业创新研发提供资金，使企业能够雇用拥有更高技艺的员工以及加大 R&D 投入，进而促进创新产出。

中国进行对外直接投资包含几种不同的类型：市场寻求型、成本导向型、技术获取型以及资源获取型，其中，前三种类型通过上述机制可能产生创新。市场寻求型通过占据境外市场、增加贸易进出口订单量以及完善贸易服务等过程达到扩大企业出口的目的。成本导向型企业主要以绿地投资的形式将投资集中在发展中国家，主要作用机制包括规模经济和利润反馈机制。规模经济效应是指雇用东道国员工和进行较大规模固定资产投资造成产品固定成本的规模化减少，同时规模经济效应带来的优势有利于降低产品研发损失和失败风险，提高企业参与创新研发的积极性，这对企业创新绩效的提升有积极影响。陈颂和卢晨（2017）通过对中国 18 个行业 2004～2015 年对外直接投资的面板数据进行实证，结果发现成本导向型绿地投资对生产率的影响显著。由于绿地投资早期需要一定的固定资产投入，对创新投入会产生一定的挤出，因此成本导向型投资对企业创新能力的影响需要经过相当长的时间才可能看到。技术获取型投资对企业创新能力提升的作用机制是通过逆向技术转移机制得以实现，通过购买、跨国并购、联合研发等方式获得境外的专利技术并传递回母国，促进企业技术进步。

基于上述论述，中国企业对外直接投资对创新绩效的影响机制可以汇总为图 2.1。

基于上述文献梳理可以发现，虽然隐性知识与显性知识都能在母公司与子公司之间转移，但是隐性知识如何转移以及如何影响创新绩效尚未得到系统的讨论和足够的关注。在显性知识的作用被充分讨论的同时，隐性知识的作用却没有得到足够重视。本书在研究背景中提

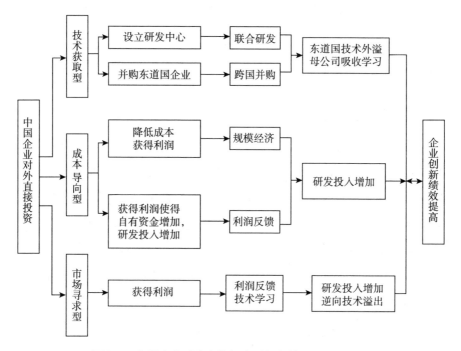

**图 2.1 中国企业对外直接投资对创新绩效的影响机制**

到隐性知识的作用日益凸显，因此研究隐性知识发挥作用的机制一方面有益于弥补现有研究的不足，另一方面能够为企业通过对外直接投资方式提高创新能力提供一定的意见和参考。

## 2.3 关于隐性知识学习的研究

### 2.3.1 隐性知识的特征

隐性知识是知识的特殊表现形式，具备知识的基础特性，但其独特表现性和传递形式又使其不属于一般知识研究范畴。隐性知识特征主要体现在只有依附于个体才具有经济价值，反映在不同个体的行为活动和思维认知过程中。

（1）存在于个体的思想和行动中。

个体占有性隐性知识广泛存在于个体中，嵌入个体的思想和行动中（Nonaka，1995）。

（2）默会性。

隐性知识是经验类知识，是通过工作实践积累的经验和实用知识，必须在特定的工作岗位和工作背景下才能发挥效用，是理论与实践相融合的产物，多数情况下隐性知识的拥有者是个体本身。个体依靠实践活动进行经验积累，并将其与个体理论知识相结合。隐性知识通常自发体现在工作行为和活动中，难以对其进行文字性记录。隐性知识的传递途径是基于情感建立的师徒教学模式，两者具有较为稳固的情感基础和较为亲密的学习关系，容易实现经验积累及隐性知识的传递（Nonaka，1994）。

（3）特定情境性。

特定情境性是指隐性知识的积累和效用产生都必须在特定的工作岗位或工作背景下进行，知识的传递需要双方建立较为密切的工作关系，进而在实践中完成知识传达。在背景特殊化前提下，定向知识与实践的关联性更加密切，依据不同职位的工作需求和特点实现场景经验积累，这构成隐性知识核心内容（Nonaka，1995）。

（4）相对稳定性。

隐性知识将人作为载体，具有鲜明的个体特色，以个体原有思维认知和行为作为基础，与实践所得相融合，其相对稳定性主要体现在技能和认知两方面。从技能层面来说，技能的习得与个体行为可以得到较好融合，从而形成既定的行为惯性，很难被忘记和改变；从认知层面来说，既定思维的形成在短时间内难以被更改。总体而言，隐性知识存留时间较长，具有相对稳定性。

### 2.3.2　隐性知识分类

关于隐性知识的分类，有很多学者进行了尝试，但最常见的是
Nonaka（1995）将隐性知识分为技能型隐性知识和认知型隐性知识。
前者突出技能或在工作中积累的经验、简化诀窍，后者则强调个体思
维认知和价值观。本书也认为隐性知识包括技能型隐性知识和认知型
隐性知识两方面。Baumard（1999）将企业隐性知识认定为一种企业
运行模式，该运行模式要求企业所有员工长期参与运行实践，对企业
搜集的外部资源在自身技术和认知基础上进行整合优化。企业技能型
隐性知识是指企业所有经营环节涉及的核心技术、研发能力、生产效
率与创新制造能力；企业认知型隐性知识是与企业经营价值观相近的
内容，包括企业社会经济关系建构、企业文化等。

企业作为开放式商业组织，由于经营需要，会构建较为复杂的社
会经济关系网络，这一关系网络涉及业务合作对象、竞争对手、有人
才输送关系的高校和科研机构以及广大的消费群体。企业在社会经济
关系网络的构建过程中，通过商业合作、业务沟通、人才交流等形式
及时补充和更新企业知识，整合母国资源，将隐性知识与企业文化和
技术相融合，进而完成隐性知识的转移。企业隐性知识在技能领域体
现为企业为满足市场更高层次需求不断进行技术更新和创造；企业隐
性知识在认知领域主要体现为竞争思维、管理模式、销售手段和市场
需求。

### 2.3.3　隐性知识获取途径

隐性知识捕捉的过程包括分辨、获取、精练、存储（Dzekashu

and Mccollum，2014）。隐性知识获取，特别是跨国公司从境外获取隐性知识的途径包括国家或地区之间的劳动力流动以及企业从子公司或其他境外企业之中获取。

**1. 从境外雇用员工**

企业可以通过从境外招聘劳动力获取先进的营销经验或技术经验，这种内嵌知识的劳动力流动就形成一种关于高级产品技能以及其他技巧的知识流动。而且这种劳动力的流动会给新的雇主带来收益（Corredoira and Rosenkopf，2005）。这种观点实际上包含这样一种认识，劳动力不仅具有人力资本的特征，而且具有社会资本的特征。劳动力社会资本是帮助跨国企业实现市场份额提升、竞争实力提升的重要优势，然而部分跨国公司对此资源的认知不足，这势必造成跨国公司难以稳住市场，呈现竞争劣势。特别是在发展中国家或新兴经济体，这种社会资本（如社会关系）对企业的发展作用非常明显（Knight and Yueh，2010）。

**2. 向境外派送人员进行学习**

跨国公司对外直接投资风险包括有形企业间竞争和无形环境波动造成的投资风险。为了克服外来者劣势以及解决"合法性"等问题，企业除了进行同构，即模仿当地的其他企业以外，还会派出自己的管理人员或者技术工程人员管理子公司或者到其他国家和地区进行考察学习，或者通过培训的方式向境外其他国家和地区学习先进经验。Canestrino 和 Magliocca（2010）考察了管理人员在境内与境外之间进行的隐性知识传递，他们认为善于与当地建立合作关系并从当地社会网络给组织挖掘丰富的隐性知识非常重要。

**3. 公司层面**

跨国公司可以通过广泛分布于境外的子公司进行隐性知识的学习

和获取：通过境外子公司的境外营销获取营销经验、通过境外子公司的先进管理方式学习管理经验等。跨国公司还可以借鉴其他境外优秀企业好的经验以及从它们不正确的活动中吸取经验教训，弥补自身的不足，以防止类似事件的发生。不同的组织特征会影响隐性知识获取（Foss and Pedersen，2002）。子公司是否愿意将知识向母公司转移影响了知识转移的难易程度，此外子公司的东道国嵌入程度也影响了公司之间知识转移的多少（Najafi-Tavani et al.，2012）。

外部隐性知识可以通过专利许可、技术购买、合作研发等正式手段获取，也可以通过外部培训、学术交流、相关信息交流平台等非正式手段获取。人员进行交流的参与感和接触感尤为重要，例如通过对客户进行定期的面对面交流和产品使用感受回访、电商平台的用户需求反馈、企业管理层与技术人才的非正式交流等能够真正获取市场消费需求外部知识，该部分内容多数属于隐性知识。

综上所述，企业在境外获得隐性知识的渠道要借助企业在境外市场建立的社会经济关系网络：一是要处理好企业与有直接经济往来的商家、客户、竞争对手的关系；二是要与当地政府机构建立合作共赢关系，从而获取政策信息；三是要与当地高校、研究机构实行人才和技术相互输送；四是要与行业组织保持稳定信息沟通，从而及时获取当地市场准入信息。

### 2.3.4　隐性知识竞争优势的形成

Nonaka（1994）将组织知识分为显性知识和隐性知识，认为两种知识之间可以相互转化，并将知识扩散的模式用 SECI 模型（见图 2.2）表示，共包括四个模式。一是隐性知识在个体交流时实现隐性知识的流动，组织成员通过观察、模仿和实践相互学习，这是知识从隐性知识到隐性知识，是社会化过程。二是知识在显性知识与显性知识之间流动，这是融合化过程，是将现有的信息和知识重新配置，继而创造新知识的过程。三是外部化过程，从隐性知识到显性知识，知识通过组织成员可以理解或接受的形式被表达清楚。四是内部化过程，组织成员将从外部学习的知识转化为自身的经验来影响后续的行为。

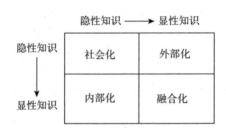

**图 2.2　SECI 模型**

资料来源：Nonaka, I., "A Dynamic Theory of Organizational Knowledge Creation", *Organ. Sci.*, (5), 1994, pp. 14 – 37。

Nonaka（1995）提出了知识螺旋的概念，知识螺旋表示个人知识可以有效地传递给组织，组织知识库扩大从而创造更多的知识，其中对企业竞争力影响显著的核心知识可以得到保留。尽管知识螺旋可以促进组织创新，但重要的个人隐性知识不能轻易转移到组织，而隐性知识是可持续竞争的源泉（Liao and Hu, 2007）。知识转移（Knowledge Transfer, KT）指的是知识如何从提供者转移到接收者，以便支持组织积累和更新组织知识（Miesing et al., 2007）。组织个人从外部获得的新知识即隐性知识，隐性知识转化成显性知识，再通过知识转移扩散到组织。组织再将这些显性知识与现有知识结合，扩大知识库，增强吸收能力（Cozza and Zanfei, 2016）。Liao 等（2017）通过分析知识转移、隐性知识和吸收能力之间相互作用的机制建立了竞争优势形成路径（见图 2.3），并通过中国台湾不同行业的数据进行实证验证。

不论是在商业领域还是学术研究领域，隐性知识都具有深入挖掘

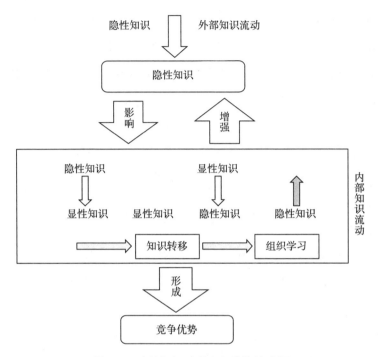

隐性知识　外部知识流动

隐性知识

影响　　增强

内部知识流动

隐性知识　　显性知识

显性知识　显性知识　隐性知识　隐性知识

知识转移　　组织学习

形成

竞争优势

**图 2.3　隐性知识形成竞争优势的路径**

价值，尤其是隐性知识对提高企业竞争力方面的作用。目前发展规模较大、具备较强市场竞争能力的跨国企业的知名产品的创造信息源，都离不开隐性知识的积累和运用。特别是在中美贸易摩擦之后，发达国家对发展中经济体的高技术产业的技术转移更加敏感，子公司发明的专利反哺母公司变得愈加困难，此时隐性知识应受到更多的关注，企业要加强对隐性知识要素的积累和配置，从而提高企业的创新能力。

## 2.4　跨国公司知识转移影响因素研究

Hakanson 和 Nobel（2000）将跨国公司子公司的知识向母公司转移的过程叫作逆向知识转移（Teverse Knowledge Transfer，KRT）。正向知识转移是跨国公司母公司的知识向子公司转移，简称知识转移。国内外学者对知识转移现象的影响因素进行了较为广泛的研究。本书要探究中国企业进行对外直接投资所采取的战略对隐性知识的影响，本质上也是研究逆向知识转移问题。本书会总结以往学者的成果，对知识转移影响因素的研究主要关注母公司自身因素（少数学者关注了组织层面和吸收能力）、子公司的作用、知识本身特性（一致性、相关性）、东道国的经济发展以及与母国的文化距离、制度距离、政治距离等因素。

**1. 环境因素**

关于逆向知识转移的影响因素，国内已有少数学者结合省际数据对该问题进行了尝试性研究，这些研究尚不够全面。其中，学者们最早将企业所处的外部环境作为主要的影响因素。李梅和柳士昌（2012）利用中国省际数据实证检验了对外直接投资的逆向技术溢出效应。研究结果表明，对外直接投资的逆向技术溢出存在明显的地区差异，并存在门槛效应。李梅从经济发展、技术差距、金融发展和对外开放程度等方面测算了引发积极逆向技术溢出效应的门槛水平。与此类似，尹东东和张建清（2016）在此基础上进一步检验了各因素对逆向技术溢出效应的影响，结果发现国内经济发展水平、对外开放程度、基础设施、金融发展规模对 OFDI 逆向技术溢出效应的实现起到了积极的促进作用。

**2. 企业自身因素**

学者们研究影响因素的重点逐渐从外部环境转向了企业自身，目前的研究主要包括企业母公司特征（包括母公司的研发投入情况、企业基本情况、社会资源以及所属行业等）、进入东道国策略（是并购还是绿地、区位选择）以及母公司与子公司的网络关系，具体内容如

表 2. 1 所示。

**表 2.1　企业 OFDI 对创新绩效的影响因素（企业层面）**

| 维度 | 主要观点 | 文献来源 |
|---|---|---|
| 研发投入 | 自主研发投入水平的不同会导致对外直接投资逆向技术溢出的吸收程度不同 | 沙文兵（2015） |
| 技术差距 | 技术差距在逆向技术溢出中确实存在影响，通过 LM 检验及自举法，发现技术差距对逆向技术溢出影响存在两个门槛值。据此将中国按技术差距分为低、中、高技术差距三类区域 | 尹建华、周鑫悦（2014） |
| 企业规模 | 验证了研发效率高的企业更可能进行对外直接投资的传统理论，还发现了一些江苏省企业对外直接投资的特点，例如企业规模对企业对外直接投资决策产生了显著影响 | 严兵等（2014） |
| 企业所有制 | 国有企业所有制性质明显促进矿产资源企业对外直接投资；民营企业比国有企业具有更为显著的学习效应 | 薛琰如等（2016） |
| 企业所属行业 | 对外直接投资的逆向技术溢出存在明显的行业差异性 | 李杏、钟亮（2016） |
| 企业所属行业 | 投资者所在行业存在逆向技术溢出效应差异，制造业、科学研究行业与技术服务业等行业的逆向技术溢出与行业生产率的关联度较强，而建筑业和采矿业在这方面的关联强度较弱 | 柴庆春、张楠楠（2016） |
| 社会资源 | 企业高管政治联系越紧密，则逆向技术溢出越显著，高管政治联系正向调节技术溢出对创新的影响 | 李梅、余天骄（2016） |
| 社会资源 | 高管有境外背景有助于企业进行对外直接投资决策，并且有助于取得良好的投资绩效 | 张娆（2015） |
| 并购/绿地 | 跨国并购和绿地投资两种不同对外投资方式在绩效上呈现差异性 | 林莎等（2014） |
| 区位选择 | OFDI 对中国技术创新的作用已开始凸显；且对外直接投资只有投向发达国家才能够给中国带来较为显著的逆向技术溢出 | 李平、苏文喆（2014） |
| 区位选择 | 对外直接投资对中国企业创新绩效有正向影响，当目标国为发达国家时，该作用更为显著 | Piperopoulos 等（2017） |

| 维度 | 主要观点 | 文献来源 |
|------|---------|---------|
| 经验 | 采用中国台湾的数据考察研发国际化对创新的作用，将国际化经验作为调节变量来考虑 | Hsu 等（2015） |
| 网络关系 | 子公司所处的网络、知识复杂性以及东道国的竞争指数都会影响跨国公司的知识转移 | Nair 等（2015） |

通过对文献的梳理，本书发现学者关于企业对外直接投资对创新绩效的影响因素研究并不完善，虽然已经有学者从母公司异质性特征的视角进行了研究，如企业的研发投入、所在行业、社会资源等，也有学者从子公司进入东道国的模式出发，以并购或者绿地投资作为研究视角进行了初步的探讨，但仍然还有很多研究视角需要得到进一步挖掘。在网络关系层面，虽然子公司网络和子公司与母公司之间的网络关系都有学者予以关注，但是母公司在母国的网络关系往往被学者忽视。因此本书试图从组织层面（知识转移的情境）和网络关系入手，将"组织结构有机性"和"母国网络关系嵌入性"两个表示组织内部和组织所在网络环境的变量作为调节变量，将组织和网络方面的影响因素纳入研究框架。

## 2.5　小结

本章将前人的研究成果进行了梳理，从中发现研究缺口，并在此基础上构建本书的研究框架。通过文献综述，本章得到的结论包括以下三点。

（1）将创新绩效作为企业对外直接投资的因变量是近年来的研究现象。目前，对于企业对外直接投资与创新绩效关系的研究多以发达国家为主体，发展中国家企业"走出去"起步较晚，现有的研究还不充分，还存在很多缺口，需要进一步的挖掘完善。很多发展中国家企业将对外直接投资作为企业实现技术追赶的主要形式。由于传统的对外直接投资理论不能很好地解释发展中国家进行对外直接投资的行为，因此在中国情境下探索企业对外直接投资影响创新绩效的机制具有一定的理论和现实意义，能够在一定程度上弥补现有研究的不足。

（2）少数关于中国企业进行技术追赶的研究主要关注企业"是否"采取对外直接投资行为对创新绩效的影响，关于这两者关系的讨论目前尚未得到一致的结论。以往的研究认为，企业对外直接投资战略是同质的，并没有将企业对外直接投资战略进行进一步区分。事实上，企业采取不同的对外直接投资战略对创新绩效的影响是不同的，没有区分对外直接投资战略可能是现有研究没有定论的原因之一。为了更好地理解对外直接投资如何影响企业创新绩效，有必要从企业对外直接投资战略的异质性（对外直接投资深度、对外直接投资广度和对外直接投资速度）视角考察其对创新绩效的影响。

（3）部分学者对逆向技术溢出做了丰富的研究，但对隐性知识的研究却相对匮乏。虽有少数学者对隐性知识与竞争优势之间的作用机制进行了推导和验证，但将隐性知识获取作为中介变量，对隐性知识获取在对外直接投资情境下的进一步探讨还存在欠缺。为了填补这一方面的空白，本书将隐性知识获取作为中介变量纳入研究框架，考察隐性知识获取在对外直接投资对创新绩效产生影响的过程中的作用机制，同时选择"组织结构有机性"和"母国网络关系嵌入性"作为调节变量，意图从组织层面和网络关系层面探究影响对外直接投资企业隐性知识转移的因素。

# 第三章

# 对外直接投资对创新绩效影响的
# 初步假设

## ——基于辽宁省四家制造业企业的调查研究

通过对以往学者研究的综述可以发现，企业"走出去"与创新绩效之间的关系研究是近年来学者，特别是中国学者所关注的话题。目前的研究成果主要集中在探讨企业进行对外直接投资产生的逆向技术溢出对创新绩效的门槛效用。学者们认为对外直接投资通过逆向技术溢出机制对创新绩效产生影响需要越过一定的门槛限制才能实现，并且将专利申请量作为逆向技术溢出机制的替代变量，将新产品作为创新绩效的替代变量，或者从宏观层面出发，将《中国对外直接投资统计公报》上的对外直接投资金额按照 L-P 的公式（Lichtenberg，2001）计算转换后，近似替代逆向技术溢出效应。这些研究都将溢出的显性知识和隐性知识混为一体，没有进行进一步区分。学者们对显性知识在企业对外直接投资过程中发挥作用基本达成了共识，但隐性知识如何发挥作用往往被学者们忽略，或者被认为与显性知识发挥的作用一致。

随着中国企业对世界市场的重视和参与程度的提高，发达国家对专利技术，特别是高技术的转移控制更加严格，在这样的大背景下隐性知识将比以往发挥更大的作用。由于较难获得跨国公司大量的问卷数据及丰富的案例，因此为了增强研究结果的可靠性，本书试图先通过案例研究的方法深入探索对外直接投资、隐性知识获取与创新绩效三个构念之间如何产生影响，提出初始命题，随后在理论的基础上提出正式假设。第一章对概念的界定和第二章的文献综述为后文奠定了一定的理论基础。本章选择四家企业进行多案例研究，通过对各案例的分析和案例间的比较研究初步构建本书的概念模型，进而引出进一步建模定量分析的假设。

## 3.1　研究对象概况

案例研究按照选择案例的数目分为单案例研究和多案例研究。多案例研究的优点在于，通过进行多案例的对比可以更好地把握作用机理（Yin，2010）。本书的研究意图正是讨论对外直接投资过程中几个变量之间的作用机制，因此本书选择多案例研究方法来探究其影响关系。此外，学者们进行案例研究的研究目的有所不同，有些研究是为了对现象事实进行更加准确的描述，有些研究是为了对研究发现进行解释并得出结论，而本书意图通过案例研究的方法对事物进行新的洞察，并提出假设。

少量关于对外直接投资与创新绩效之间关系的研究基于资源基础理论，这一理论也为本书奠定了一定的理论基础。资源基础理论认为，企业持续经营必须具备一定的竞争优势，而企业独有的、难以模仿的资源则是企业的核心竞争优势（Barney，1991）。由于技术知识能够转化成新产品、新专利，因此知识基础观逐渐从资源基础观的基础上衍生出来。知识基础观认为，企业能够从外部环境中获取和吸收知识并转化生成更多的知识。知识基础观可以解释企业为什么选择"走出去"，可以解释显性知识和隐性知识对创新绩效的直接影响（Sun et al.，2012；Duarte，2017）。

同样是"走出去"的企业，虽然有些企业也采取了购买境外先进技术或者在境外建立研发中心等措施，但是最终却没有提高企业的创新绩效。究其原因，可能是境外市场复杂多变，企业在这样的环境下难以维持竞争优势。继承和发展了资源基础观的动态能力理论可以解释这一现象，动态能力是一种改变企业能力的能力（Teece，2009），知识形成的动态过程是动态能力的演变过程，企业改变能力的过程就是企业追寻新知识的过程。由于动态能力被学者们视为一种抽象的组织能力（Teece，2007）和一种组织惯例（Winter，2010），因此企业在境外寻求的隐性知识相比于显性知识更能影响企业的动态能力，使企业能够维持核心竞争力。基于上述论述，本书认为隐性知识不仅发挥着与显性知识类似的知识资源效用，而且能够影响企业的动态能力，使企业竞争优势得以保持，因此本书将图 3.1 的研究框架作为下文案例研究的基准，指导案例分析的开展。

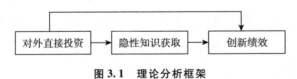

图 3.1　理论分析框架

本书选择沈阳机床股份有限公司（下文简称沈阳机床）、沈阳远大企业集团（下文简称远大集团）、瓦房店轴承集团有限责任公司（下文简称瓦轴集团）以及阜新德尔汽车部件股份有限公司（下文简称德尔汽车）作为案例研究的对象。选择遵循的原则包括如下几点：①本书的研究是针对制造业企业，为了降低不同性质企业产生的外部变异性，本书将案例企业限定在装备制造业；②在降低外部变异性的前提下，为了尽可能使案例具有代表性，本书选择的企业分散在机床制造、工程机械制造、轴承制造以及汽车零部件制造等多个制造行业；③在保证代表性的同时，为了降低环境因素（市场、制度等）的影响，本书选择的是辽宁省的装备制造企业，这是因为东北的工业制造位于国内领先地位，随着全球竞争的加剧，越来越多的辽宁制造业企业将技术追赶作为发展企业的重要战略；④案例选择应遵循典型性原则，典型性案例便于鲜明地展示构念间的关系，本书选择的企业都是典型的对外直接投资企业；⑤多案例研究应进行多重检验，从差异性案例中得到可以相互印证的结论，从而使研究更具有说服力，本书选择的案例在对外直接投资路径、隐性知识获取以及创新绩效等方面都存在差异，并依据多重法则提高结论可信度。案例企业的基本情况见表3.1。

表 3.1　案例企业基本情况

| | 沈阳机床 | 远大集团 | 瓦轴集团 | 德尔汽车 |
|---|---|---|---|---|
| 员工总数 | 11877 人 | 12000 人 | 11000 人 | 4443 人 |
| 是否国有 | 是 | 否 | 是 | 否 |
| 成立时间 | 1993 年 | 1993 年 | 1995 年 | 2004 年 |
| 开始对外直接投资时间 | 2004 年 | 2000 年 | 2012 年 | 2013 年 |
| 主要业务 | 机械设备制造，机床制造，机械加工，进出口贸易（持证经营），承包境外机械行业工程及境内国际招标工程 | 在智能建筑领域重点发展建筑幕墙；在智能工业领域重点发展电梯制造、风力发电、工业机器人、科技环保；在智能农业领域重点发展智能滴渗系统、精准灌溉设施 | 轴承、轴承零配件、机械设备、汽车零部件及相关产品的制造与销售；轴承维修、保养及技术服务 | 泵类产品，电机、电控及汽车电子类产品，降噪（NVH）隔热及轻量化类产品，可广泛应用于转向、传动、制动、汽车电子、车身辅助驾驶系统的产品 |

|  | 沈阳机床 | 远大集团 | 瓦轴集团 | 德尔汽车 |
|---|---|---|---|---|
| 企业发展概况 | 公司的主要生产基地分布在沈阳、昆明以及德国的阿瑟斯雷本。主导产品为金属切削机床，包括数控机床和普通机床。市场覆盖全国，并出口80多个国家和地区 | 公司总部位于中国装备制造业基地——沈阳市。代表性承建工程包括德国法兰克福航空铁路中心、阿布扎比商业中心、国家体育场"鸟巢"、游泳中心"水立方"等 | 公司总部位于大连市瓦房店市，公司营销网络遍及全球。依托"国家大型轴承工程技术研究中心"，2009年被科技部列入国家工程技术研究中心首批组建项目计划 | 公司是高新技术企业、国家火炬计划重点高新技术企业、辽宁省制造业信息化科技工程示范企业、辽宁省知识产权"兴业强企工程"试点单位、辽宁省企业技术中心 |

## 3.2  数据搜集方法

研究搜集资料主要通过半结构化访谈、公司网站信息、企业报道、公司年报、企业总结以及一些非正式的信息获取渠道，比如电子邮件、百度查询及观察等多种途径，多个数据源的资料搜集增强了研究结果的准确性。首先，通过公开途径获得受访企业的大量信息，由于案例企业都是上市公司，并且规模较大，因此在进行访谈之前能够直接获得的企业二手资料非常丰富。通过对这些信息的整理，掌握受访对象的基本情况，确定访谈的侧重点。其次，对沈阳机床的副总和宣传部部长、远大集团的国际投资部总经理以及技术负责人、瓦轴集团的财务总监以及办公室主管、德尔汽车的两位中高层管理者进行半结构的访谈。访谈内容包括企业对外直接投资的目的、东道国选择的原因、目前的发展情况以及创新产出情况等，还包括隐性知识的转移情况和目前"走出去"遇到的困境及解决措施等。每次访谈时间在两小时左右，随后将访谈记录进行整理并形成研究所需要的素材。最后，通过电话采访、电子邮件、企业年报（受访企业都是上市公司，年报较容易查询）和新闻报道等获取信息，补充访谈后的资料。由于研究内容涉及对企业发展的评价（比如创新绩效），因此受访者回答时可能带有情感因素。为了避免由此带来的偏误，我们仅将访谈内容作为一部分数据来源，将公司报表和新闻报道等二手数据作为数据的另外一部分来源。案例企业资料来源情况如表 3.2 所示。

表 3.2　案例企业资料来源

| 企业 | 访谈 | 二手数据 |
| --- | --- | --- |
| 沈阳机床 | 实地访谈沈阳机床的副总经理 1 次并通话若干次，宣传部长 1 次 | 通过电子邮件与宣传部工作人员取得联系，获得详细的企业创新数据；其他研究者对企业的研究成果，Wind 数据库中该企业披露的年报，企业新闻等 |
| 远大集团 | 实地访谈国际投资部总经理 1 次，技术负责人 2 次 | 企业新闻，Wind 数据库中该企业披露的年报以及其他内部资料 |
| 瓦轴集团 | 实地访谈瓦轴集团的财务总监 1 次，办公室主管 1 次 | 其他研究者对企业的研究成果，Wind 数据库中该企业披露的年报，企业新闻等 |
| 德尔汽车 | 实地访谈德尔汽车的中高层管理者 2 次 | 企业新闻，Wind 数据库中该企业披露的年报，其他内部资料，行业发展报告和新闻 |

在数据分析过程中采用分析性归纳的方法，通过对一个案例资料的分析建立试探性理论，形成一个与所有案例数据相匹配的理论框架（许晖等，2013）。本书先进行单案例的逐一研究，通过对主要考察变量进行编码识别变量特征。首先，对数据进行编码，将四家企业资料用代号编码，将访谈资料和二手数据进行编码后得到了包含 470 个条目的条目库，对主要构念进行二级编码，确定编码条目 452 个；其次，

分析单案例的每一家企业对外直接投资等核心变量的变化情况，识别出四家企业对外直接投资过程中各个变量之间的关系；再次，进行跨案例分析；最后，提出研究的初始命题。

## 3.3 调查对象对外直接投资概况

本节意图通过资料中的数据对各个案例中的对外直接投资（对外直接投资深度、对外直接投资广度和对外直接投资速度）、隐性知识获取与创新绩效三个变量进行描述，从而得出结构化的数据信息，以便进行变量之间关系的分析。

与现有学者关注"是否"进行对外直接投资对企业创新绩效的影响不同，本书更关注企业进行对外直接投资所采取的战略，因此选择企业的对外直接投资深度、对外直接投资广度以及对外直接投资速度来衡量不同投资战略是否会造成创新绩效的不同。本书将在第五章针对对外直接投资的各个维度进行详细的描述。在本章中，考虑到案例研究数据的可获取性，选择境外子公司资产占总资产比重来比较各家企业对外直接投资深度的不同；选择境外分支机构占全部分支机构（从企业年报中获得）的比例来比较各家企业对外直接投资广度的不同。对外直接投资速度包括企业第一次进入东道国的进入速度和进入后企业开展对外直接投资活动的进入后速度，企业从成立至第一次进行对外直接投资的时间为进入速度，境外子公司数量与进行对外直接投资年限的比值为进入后速度。案例企业的对外直接投资具体情况如表3.3所示，案例企业的对外直接投资情况汇总如表3.4所示。

**表 3.3 案例企业的对外直接投资具体情况**

| 企业名称 | 对外直接投资具体情况 |
|---|---|
| 沈阳机床 | 2004 年，沈阳机床集团全资并购了具有 140 多年历史、产品享誉全球的德国希斯公司（总资产 2100 万元），迈出了跨国经营的第一步。随着沈阳机床集团不断扩大投资与加强管理，希斯公司成为集团立足德国、整合欧洲资源、服务于集团世界机床市场引领者战略目标的研发基地和营销中心。2011 年 11 月，沈阳机床集团旗下沈机香港公司出资成立全资子公司德国希斯泰克有限公司（SCHIESS Tech GmbH）。公司注册资本 280 万欧元，分别在德国柏林和斯图加特设立研发中心，境外子公司占母公司的资产比重为 8.6%。2013 年，公司为打造满足市场需求的高端产品，在国家开发银行支持下，吸纳德国及周边国家机床设计高端人才，用德国设计理念与设计标准，构建"德国设计、中国制造、全球营销"的新型国际化经营模式。ASCA 项目启动至今，研发整机产品 27 种、功能部件 1 种、样机 21 种（38 台）。在德国研发的高端机床产品已经在国内打开了市场 |
| 远大集团 | 沈阳远大集团从建立企业起就遵循自主原则，虽然 2011 年入选中国 100 大跨国公司榜单，产品远销境外 140 多个国家，但不直接并购或收购企业。在境外成立合资公司和独资公司一方面是为了开辟当地的市场，另一方面是为了寻求减少成本的途径，而利用境外市场实现自主创新的途径是成立境外研发中心。2008 年，远大集团引进 22 名世界级幕墙技术专家和数十名外籍技术研究人员，在瑞士苏黎世建立世界顶级的幕墙技术研发中心。目前，其在德国成立了机器人研发中心，依托德国当地的研发力量在当地搞研发，再用于国内生产和销售。类似地，在英国当地成立幕墙产业研发中心，研究最先进的技术并应用于全球。为了改善传统灌溉技术和传统收割技术，2013 年远大农业对以色列的滴灌技术以及人才队伍进行了整体收购，2015 年 7 月与日本 IHI 公司合资成立远大石川岛农机（沈阳）有限公司，主营玉米收割机及小型农用拖拉机 |
| 瓦轴集团 | 瓦轴集团是全国三大轴承生产厂家（哈尔滨轴承厂、瓦房店轴承厂、洛阳轴承厂）之一，是中国目前最大的轴承生产和销售商，是世界排名第 8 位的轴承企业。2012 年，其在美国成立第一家合资公司——瓦轴集团（美国）轴承有限公司。该公司主要目的是扩大境外市场，便于在美国当地进行销售活动。随后为了打开欧洲市场，瓦轴集团于 2013 年收购了德国百年轴承公司 KRW 全部股份，这标志着瓦轴集团"国际化"战略取得重大进展。同时，整合瓦轴集团和 KRW 公司的技术力量，建设瓦轴欧洲研发中心，使瓦轴在高端产品的研发上取得突破性进展。瓦轴集团于 2014 年在美国成立研发中心，为美国的汽车轴承销售提供坚实的技术后盾；于 2015 年在德国建立了欧洲研发中心，聘用了近 50 名国外一流研发人才，就地从事研发工作。为了实现高端化的国际化战略，2017 年瓦轴集团和英国 Romax 科技有限公司成立全球轴承联合仿真技术中心，共同致力于轴承关键领域仿真技术的研发和应用等，这标志着瓦轴集团仿真计算技术迈向了新的高度。境外子公司占母公司的资产比重为 5% 左右 |

| 企业名称 | 对外直接投资情况 |
|---|---|
| 德尔汽车 | 为了积极贯彻公司发展战略，把握市场机遇，满足美国德尔汽车电子、EPS 和 EHPS 控制器等研发产业化发展需要，公司于 2013 年成立北美技术中心（FZB TECHNOLOGY, INC）。公司在此基础上，进一步辐射北美地区，有效扩大公司的业务规模，提高公司整体业绩和盈利水平，进一步增强公司在世界市场的竞争力和影响力。为了实现产品多元化，拓展全球市场，加快公司国际化进程，德尔汽车于 2016 年完成收购总部位于勒沃库森的德国汽车零部件制造商 Carcoustics（卡酷思），成为奔驰、宝马等知名企业供应商。德国卡酷思主要为乘用车、商用车、家电与农用机械提供零部件以及加热、空调、能源管理系统，该公司 2015 年销售额为 2.8 亿欧元，在全球 8 个国家拥有 10 座工厂及 1800 名员工。境外研发中心与子公司的资产占母公司的 45%，员工数占比 55% 以上。2018 年 8 月 28 日，德尔股份在日本的全资子公司隆重开业，日本子公司的成立也进一步贯彻落实了公司全球化布局战略，使其在打造具有国际竞争力的汽车部件企业的道路上又迈出了坚实一步 |

表 3.4　案例企业的对外直接投资情况汇总

| 指标 | 沈阳机床 | 远大集团 | 瓦轴集团 | 德尔汽车 |
|---|---|---|---|---|
| 对外直接投资深度（%） | 8.6 | 6 | 5 | 45 |
| 对外直接投资广度（%） | 21 | 28 | 33.3 | 27.3 |
| 对外直接投资进入速度（年） | 10 | 15 | 15 | 9 |
| 对外直接投资进入后速度（%） | 22 | 50 | 83.3 | 60 |

# 3.4　调查对象隐性知识获取概况

隐性知识存在于个体的思想中，嵌入个体的思想和行动中（Nonaka, 1995）。隐性知识是个体在长期实践中逐步积累起来的关于工作的实用知识和工作诀窍，具有高度的情景化和实践性特征，很多时候不易被传递。由于隐性知识无法用具体数值表示，因此要通过案例描述进行表示，见表 3.5。

表 3.5　案例企业隐性知识获取情况

| 企业名称 | 隐性知识获取 |
| --- | --- |
| 沈阳机床 | 20 世纪初，沈阳机床派遣 30 名年轻的技术骨干奔赴德国斯图加特市。在德国 BRRA 联合工程咨询有限公司专家的指导下，他们通过半年的学习，与德国专家共同开发了 7 种具有世界先进水平的数控机床新产品。回国后，这些产品在国内率先采用了模块化设计、电主轴、双面动力刀架、直线导轨、自动平衡、自动补偿等先进技术，加之当时对引进技术的消化、吸收以及对设计咨询产品进行量产改进设计，沈阳机床在较短的时间内形成了中高端产品系列。这些数控机床新产品的研发，不仅化解了当时公司数控机床产品品种少、水平低，难以打开市场的燃眉之急，而且使公司通过多次的交流培训学到了国际先进设计思想和设计理念，提升了研发能力，为沈阳机床加速发展奠定了技术和人才基础。通过聘请德国专家作为董事长顾问以及向世界级的管理咨询公司进行长期的管理咨询，公司引进了先进的管理方式。企业的管理层中还有很多德国、意大利的管理者，他们给企业带来了很好的管理思想和管理经验 |
| 远大集团 | 早在 1994 年德国技术专家克劳斯加盟时，远大的高层领导就逐渐认识到"请进来，走出去"发展思路的重要性。远大从 2009 年开始每年不间断地派大批基层员工出国留学深造，同时不失时机地进行"人才抄底"，实现国际人才的聚集。目前远大拥有中国国家级专家 3 人，研究员级高工 8 人，这些人都多次参与国家幕墙相关标准的编制。远大集团将幕墙核心技术的研发地设在了欧洲的苏黎世城，它是远大幕墙的"总智囊"，负责远大集团在 130 多个国家承揽的各类世界级建筑的设计。此外，远大还通过引进国外先进的管理经验、领导设计和技术团队进行投标和施工，对东西方文化进行深入融合，使企业在国外市场项目竞标中与总包、业主、顾问都有了很好的沟通，最大限度地为公司争取了利益 |
| 瓦轴集团 | 英国 Romax 公司在联合仿真技术中心投入全球最优秀的轴承专家团队资源，应用最前沿的轴承仿真技术，分享最先进的产品开发流程。为了放大 KRW 的作用，推进瓦轴在欧洲市场的发展，实施并购后，瓦轴通过建立研发中心来充分获取知识。以该企业的研发人员为基础，招募德国优秀的研发人员，在德国组建瓦轴欧洲高端产品技术研发中心，通过向全球最优秀的轴承专家学习技术，应用最先进的产品开发流程实现新产品和新技术的创造。此外，不论是研发还是销售，瓦轴每年都会派遣相关人员到境外进行交流，并使其在当地工作一段时间，这不仅是为了提高创新能力，而且是为了借鉴当地的管理理念和管理思路 |

| 企业名称 | 隐性知识获取 |
|---|---|
| 德尔汽车 | 德尔股份申报的"基于人才引进、培养与激励管理机制的创新建设"项目被辽宁省企业管理创新成果评审委员会评为 2017 年度辽宁省企业管理创新成果奖二等奖。近年来，美国、日本、德国汽车技术、汽车部件的研发始终走在世界的前列。在这样的背景下，聚合了美国、日本、德国优秀的汽车部件研发人员、工程技术人员的德尔子公司，将发挥本土技术和人才的优势，专注于汽车及汽车零部件、固体电池、半导体等产品的设计研发，帮助公司进一步提升技术能力，加快境外市场的拓展。企业不仅重视从海外引进和培养人才，而且非常重视人才之间的交流，注重隐性知识的转移。企业将加强组织内部各系统间、部门间、员工间横向与纵向的沟通与协调工作作为团队建设重点，并且通过倡导团队内的分享精神营造积极向上的组织氛围，力求通过部门文化建设不断促进部门内各成员的隐性知识转移 |

## 3.5　调查对象创新绩效概况

通常，学者们采用研发效率、新产品拥有量、专利拥有量等多个指标来表征企业的创新绩效（毛其淋、许家云，2014；殷朝华等，2017）。本书认为，企业进行对外直接投资能够对企业的管理思想和方法提供有价值的知识和信息，在技术和管理两个层面上改善和提高企业的创新绩效。案例企业的创新绩效情况同样通过案例描述进行表示，如表 3.6 所示。

表 3.6　案例企业的创新绩效

| 企业名称 | 创新绩效 |
|---|---|
| 沈阳机床 | 并购希斯公司使沈阳机床实现从生产中小型机床到生产大型机床的飞跃。除了生产机床，也相互交流技术，沈阳机床并购德国希斯公司后，吸收希斯公司的先进技术与设计理念，研制出具有结构简洁、易于维护、性能可靠、经济实用、高效等特质的 ASCA 系列产品。ASCA 项目启动至今，研发整机产品 27 种、功能部件 1 种、样机 21 种（38 台）、小批量产业化 5 种。ASCA 系列主要产品包 |

续表

| 企业名称 | 创新绩效 |
|---|---|
| 沈阳机床 | 括：FastTurn20–XM 纵切机，它是全新设计的新一代高端数控纵切机；Hori-Mill63，具有自动交换工件和刀具的功能，在节省加工准备时间方面具有极大的优势；HoriTurn60200M 是一款与德国工程师合作开发的最新数控车床；S-HoriTurn125680F 是一种新的模块化的大型数控车床；VertiTurn2020i 是一款工件加工直径可达 200mm，加工长度可达 200mm 的倒立式车床，具有高精度的车削能力。此外，沈阳机床还聘请德国籍顾问（曾在德国德玛吉和日本分部担任总经理），他带来国外的先进管理理念，帮助企业认识世界，因此获得 2018 年国家级友谊奖。公司还聘请诗道芬公司为公司提供管理咨询服务，将德国的管理理念和管理方式引进来 |
| 远大集团 | 截至 2011 年 10 月，远大公司申请专利已超过 600 项，其中发明专利 52 项，涉外专利 47 项。远大集团通过将以色列农业科技公司的技术产权进行国产化改造，开发出全新的节水农业科研技术——智能农业灌溉控制系统。远大石川岛农机（沈阳）有限公司的成立是沈阳远大集团与 IHI 集团顺应世界经济一体化趋势，实现优势互补、强强联合、共同发展的重大举措。合资公司最终建成年产 1.5 万台（套）合资品牌拖拉机、5500 台（套）玉米收获机的上游主要零部件及下游成套设备产业园区。企业还非常注重国际化人才的培养和引进，高薪聘请德国、丹麦等专家到企业指导，担任新产品研发的顾问和重点工程的主设计师及顾问。远大集团能够在世界市场营造自主品牌，得益于聘请的国际化人才所掌握的核心技术以及形成的国际化管理模式 |
| 瓦轴集团 | 通过收购德国 KRW 公司以及设立德国、英国研发中心，进行不同领域轴承项目的研发，公司在多个主机配套领域取得突破性进展，实现多项轴承国产化替代，多个领域研发的配套轴承产品的技术水平达到或超过国际同类产品水平，产品也逐步走向了世界市场。整合瓦轴技术力量为企业提供了迅速掌握关键技术的机遇。随着技术项目工作的深入推进，瓦轴集团实现企业发展方式和产品结构调整快速转变，研发出一批高端产品，形成一批高端制造，抢占一批高端市场，培育出一批高端战略客户，全面盘活企业资源，有效提升了企业的核心竞争力 |
| 德尔汽车 | 随着国际化程度的加深，公司"品牌国际推广与企业文化建设"获得 2015 年度辽宁省企业管理进步成果奖二等奖，拥有了一系列国家级发明及实用新型专利和专有技术。2015 年电子真空泵研制成功，并通过各项认可实验，实验室通过了 ISO/IEC17025 体系认证，获得了国家实验室认可。公司 2016 年对 ISO/IEC17025 体系认证进行了扩项申请，并通过了扩项审核。公司 2016 年电动油泵 EOP 实现批量供货，申请专利 27 项，其中发明专利 6 项。2017 年公司为国际知名整车厂批量供货电液转向泵 EHPS，并购德国卡酷思，成为奔驰、宝马等知名企业供应商。2018 年公司共拥有专利 80 项，知识产权 200 多项。通过设立美国、德国和日本的研发中心为新产品研发和关键技术的攻关提供了强有力的保障，积累的专有技术对克服行业难题、提高产品性能起到了关键作用 |

## 3.6　初始命题的提出

上文对案例企业的对外直接投资、隐性知识获取和创新绩效各方面的表现进行了详细的描述。为了清晰地展现各案例企业的情况以及便于进行案例间分析，本研究成立专家小组（包括学术界专家和业界专家），针对各案例企业的现实情况对其对外直接投资情况、隐性知识获取情况以及创新绩效情况进行了评判和编码，从高到低依次为好、较好、一般、较差、差五个等级，编码结果如表 3.7 所示。

表 3.7　对外直接投资、隐性知识获取与创新绩效的汇总和编码

| 变量 | | 沈阳机床 | 远大集团 | 瓦轴集团 | 德尔汽车 |
|---|---|---|---|---|---|
| 对外直接投资 | 对外直接投资深度 | 较好 | 一般 | 差 | 好 |
| | 对外直接投资广度 | 一般 | 较好 | 好 | 好 |
| | 对外直接投资速度 | 较好 | 好 | 好 | 好 |
| 隐性知识获取 | | 好 | 好 | 较好 | 较好 |
| 创新绩效 | | 好 | 好 | 较好 | 好 |

### 3.6.1　对外直接投资与创新绩效

前文预设模型已经提出，企业对外直接投资正向影响创新绩效。在境外环境中获得的知识能够促进企业未来国际扩张和维持国内外市场的竞争优势（Kogut and Zander，1993），跨国公司相比国内同行其他企业能产生更卓越的创新绩效（Piening et al.，2016）。根据资源基础理论，企业还可以通过与东道国拥有先进技术的企业和机构合作的方式（研发国际化）加强技术的组织学习（Li and Xie，2016）。研发

国际化还能够为来自新兴市场的跨国公司提供摆脱国内制度约束的路径（Peng et al.，2008）。以往的研究表明，在技术先进的发达国家设置创新机构，有助于实现企业间联合创新，同时获得的技术创新成果能为母公司提供创新支持。通过组织内部的技术反馈提升母公司对行业领先技术的掌控能力，最终优化企业创新绩效。投资的程度越高，越影响企业的创新绩效（Hakanson and Nobel，2000）。快速对外直接投资可以迅速提高企业在竞争中的地位（Mort et al.，2012），这被认为是新兴经济体跨国公司收购战略资源、追赶发达国家的重要竞争手段（Glaister et al.，2014）。

表3.6已经罗列了案例企业进行对外直接投资带来的新产品、新专利或新管理理念。其中，沈阳机床并购了德国希斯公司后，在国家开发银行支持下，启动了国际化的高端产品 ASCA 系列研发项目并且能够生产出世界级的重型机床。正是因为沈阳机床已建立相对完善的国际化研发体系，因此成为2011年"中国十大创新型企业"。远大集团不仅在多个国家同步推进对外直接投资战略，而且设计了自己的科技孵化产业园区，对学习到的先进技术不是完全照搬，而是在原有的基础上进行改进，在改进的过程中形成新的专利，形成可以推向市场进行销售的产品，并进行产业化生产。无论是在原技术的基础上改造，还是创造，此过程中一定会有新的产品和专利产生。

企业通过并购的方式能够较为深入地接触东道国市场，有效地占领生产制造和研发的制高点。沈阳机床的受访者提道："2003年并购了德国西斯公司和2011年建立研发机构后，公司的产品不仅在大陆销售，而且销往欧洲，打开了欧洲市场，这些举措在现代化建设中发挥了很大的作用。此外，原本大型机床生产能力低下且生产周期较长，现在大型机床的生产能力达到了世界级水平，主要应用于高铁、风电转盘、巨大型叶轮和巨大型船舶船轴制造等方面。"世界上拥有智能制造技术优势的国家主要集中在德国、美国和日本，在这些国家广泛地进行对外直接投资能够获取更多的资源和知识，放大一家企业在单个国家取得的成效。远大集团是一家多元化集团公司，控股公司由控股会主席负责最终的战略决策，集团公司旗下有诸多产业，其中幕墙是最大的产业，其他产业包括电梯、机器人、农业、科技自动化。这些集团产业多多少少都在国际化布局中扮演着一定的角色，例如在德国成立机器人研发中心、在英国成立幕墙研发中心、在以色列收购滴灌技术、在日本研发收割机等。远大集团的受访人表示："我们瞄准的是世界上最先进的技术，利用这些国家最前沿的研发技术和优势来发展我们自己，将新技术再应用到国内和国际市场。"案例企业的受访领导表示，在巩固和提高国内生产制造优势地位的基础上，要加快推进实施高端化和国际化战略，使企业更具国际竞争力。德尔汽车的受访者说道："并购 CCI 是积极布局新能源车型产品的一项举措，其产品解决方案在新能源汽车和环保方面市场前景较为广阔，借助公司在国内市场的资源优势，CCI 实施'本地化生产'战略，更加贴近当地市场和客户，进一步打开中国市场。公司目前秉持'智能化、集成化、轻量化'的理念，为了实现新技术、新产品、新业务的布局，必须加快国际化步伐，通过国际客户发展、生产研发布局、境外并购等途径，逐步把公司打造成具有国际竞争力的综合性汽车零部件企业。"瓦轴集团的受访者提道："由于我们对国内市场和国内客户需求认识更清楚，了解起来更容易，而且建厂较早，因此积累了丰富的资源，经验更丰富。但企业也有强烈的意向向高端轴承制造企业发展，而国内的轴承制造还处于中低端层次，需要借助国外的技术，因此企业非常重视境外市场业务的拓展和研发能力的提升，2015 年在德国成立研发中心，2017 年与英国合作成立仿真中心，目前正在筹备在欧洲建立新的研发中心。"

通过以上的论述提出如下命题。

命题 1a：企业对外直接投资深度对创新绩效具有正向影响。

命题 1b：企业对外直接投资广度对创新绩效具有正向影响。

命题 1c：企业对外直接投资速度对创新绩效具有正向影响。

### 3.6.2　对外直接投资与隐性知识获取

Arrow（1962）提出干中学（Learning by Doing）的概念，即知识与技能是通过实践观察被学会的，而不是通过专门研究被掌握的。干中学被应用到各个学科，包括国际经济学中境外投资的学习效应。中国跨国企业，特别是制造业企业倾向于将子公司建立在发达国家技术聚集的地方，以便于接触和学习先进知识（Nicholas and Thomsen，2008）。通过对外直接投资，企业不仅能够学习到先进技术等显性知识，而且能接触到发达国家的管理模式，发达国家是先进技术、最新产品以及现代企业管理模式的重要提供者。

在以往的对外直接投资相关研究中，隐性知识的作用没有得到较多的关注。由于往往显性知识能够与新产品或新专利直接相关，因此现有的研究主要围绕显性知识。但是，随着发达国家对发展中国家进行高技术转移管制得越来越严格，显性知识发挥作用越来越受限。二战之后，美国与苏联冷战，在巴黎与其他 16 个发达国家签署巴统协定，限制发展中经济体的高科技产品出口。1987 年发生"东芝事件"，苏联潜艇为了不被美国监测，通过各种手段向日本购买五轴机床来改进技术，被美国发现后，日本的贸易公司和生产厂商都受到了制裁。随着时间的推移，巴统协定在原本的基础上有所松动，但是到中美贸易摩擦时，中兴通讯被制裁，美国增加了对中国很多高科技产品出口的限制，巴统协定重新变得严格起来。

沈阳机床的受访人提道："机床的档次高低是按轴承衡量的，五轴机床是技术含量最高的，在德国进行研发的都是五轴机床，所以目前企业有好几十种机床被限制出口，在德国申请的专利不能被转移，很难回流。有些自己研发的产品销往国内也会被限制，包括全资收购的两个研发机构，在那里研发的技术也不能完全拿回国内。"虽然有些产品还是可以直接在国内生产和销售，与发达国家的合作研发有很多收获，但总体趋势与以往相比放缓了。面对这种现状，企业应该如何应对呢？受访企业的多位管理者表示："虽然直接地将技术或专利转移回国内会面临更多的风险，但我们可以更多地通过间接的方式，比如派遣工程师到发达国家，使双方技术人员一起工作，在学中悟"；"科学研究本身就是工作经验、科学经验一点一点积累的过程，很多看似寻常的东西累积到工业技术的研发过程和科技成果中，包装起来就是新技术，其实很多新技术没有那么神秘，比如在操作过程中不知道要先冷却，而通过合作研发可以熟悉底层工业技术的研发是怎么进行的"；"跟国外学习的不仅仅是技术方面的技巧，还有研究的方法和实现突破的方法论"；"通过在境外设立研发中心，总体来说，能够使公司对更高级、更核心的技术有更多的了解和心得"。

由于隐性知识的获取不像显性知识那样直接，要通过长期的深入观察才能被吸收转化，因此本书认为深入广泛地参与世界市场可以通过增加隐性知识获取来弥补显性知识不能直接转移带来的知识缺失。虽然将与境外研究机构及合作伙伴的研究成果直接用于国内生产可能受到阻碍，甚至研发到后半程会被叫停，东西方的技术交流势头在现在的背景下比以往趋缓了，但母公司和子公司之间的联系还是比较紧密的，双方可以进行机械制造等方面的技术交流。远大集团的受访人提道："即便境外子公司仅仅进行境外销售而不是产品研发，但如果子公司分布的国家和地区较多，也会有和当地技术人员交流的情况存在。"隐性知识需要慢慢与显性知识相互转化，因此企业尽早进入东道国市场，深入沟通交流，会学习到更多的隐性知识。

基于上述论述提出如下命题。

命题2a：企业对外直接投资深度对隐性知识获取具有正向影响。

命题2b：企业对外直接投资广度对隐性知识获取具有正向影响。

命题2c：企业对外直接投资速度对隐性知识获取具有正向影响。

### 3.6.3 隐性知识获取与创新绩效

隐性知识获取是对那些难以用语言、规则形式表达和传递的隐性知识的有效取得、理解和应用，例如掌握技术诀窍、操作技能、思维方式、认知方式、价值观、信念与文化等（Nonaka，1995）。其中，技术技能能够直接影响创新产出，而思维方式和信念文化通过潜移默化地影响企业日常运行，最终反映在新产品上。

远大集团通过国际化人才的培养和引进，有利于掌握核心技术以及形成国际化管理模式。从"拜师学艺"高薪聘请德国、丹麦、英国等地的技术专家，学习国际顶尖技术，到"自我提升"将国外技术本土化，进行幕墙产品技术自主研发。沈阳机床的受访者谈道："我们除了并购德国企业外，每年和德国进行多次相互交流，聘请外方的研发负责人来公司辅助研发，集团公司总经理每年到德国柏林走访，还有负责具体事项的常驻总裁，视频会议也非常频繁。通过长期不间断的交流，事业部层面的管理理念和方法产生了很大变化。例如我们几个事业部车间都按照德国的车间进行了改进，聘请的德国工程师不仅详细讲解具体操作方法，而且教会我们正确做事、做正确事的态度。"

德尔汽车的受访人提道："公司一直坚持同步实施国际化和全球运营战略，已在全球多个国家建立生产、研发基地。对公司在资源整合、市场开拓、产品研发、人员配备、质量管理、财务管理和内部控制等诸多方面都提出了更高、更系统和更全面的要求。若管理水平不能有效满足整合要求，则会使国际化和全球运营的协同效应不能有效发挥，甚至妨碍原有管理体制的顺利运转。如果公司规模扩大速度较快导致内部机构设置和管控制度调整不能迅速跟进，则会对公司经营造成不利影响。因此公司充分利用境外各子公司管理、技能等方面的经验，通过技术指导、交流、培训等方式实现德尔股份与各境外子公司资源共享，发挥协同优势。"

基于上述论述提出如下命题。

命题 3：隐性知识获取对创新绩效具有正向影响。

## 3.7　小结

本书运用探索性案例的研究方法，探析了在中国情境下，企业对外直接投资、隐性知识获取和创新绩效之间的作用机制。选择了四个有代表性的典型案例，通过案例内分析和案例间分析得出初始命题和如下两个主要结论。

一是企业对外直接投资深度、对外直接投资广度和对外直接投资速度都正向影响创新绩效。目前企业对外直接投资主要采取跨国并购和建立研发中心的方式，相比于建立研发中心，企业境外并购需要投入更多的资金和人力，是更为深入的对外直接投资方式，在技术先进国家和地区的并购可能使企业的新产品或新技术实现质的飞跃，提高创新绩效。如果能够在拥有科技制高点的多个国家和地区都实现成功并购，那么得到的收益应当更加丰厚。对于存在资金掣肘和尚未明确国际化发展战略的企业而言，快速在境外建立多个研发中心是能够较显著地提高创新绩效的途径。

二是隐性知识获取视角能够很好地解释在发达国家对发展中国家进行技术控制的前提下，后发国家企业如何实现创新绩效提高。传统的技术创新注重显性知识的跟踪和吸收，忽视了隐性知识的作用。本书通过案例间的横向对比不仅发现隐性知识有助于提升企业的创新绩效，而且简单勾勒出企业对外直接投资过程中通过隐性知识获取来实现技术创新能力提升的机制。

本章得到的命题初步地勾勒了三个变量之间的作用机制，但由于上述命题是通过典型案例分析得出的，结论的有效性需要进行进一步验证，因此本书在下一章将对这些假设命题做进一步文献论证。

此外，在访谈中部分被访者还提到了企业在对外直接投资过程中遇到的困难，包括产品产业化过程中资金供给不足，聘请境外人才缺乏资金支持，对外直接投资受到审批额度、审批流程的制约。任何一家受访企业都谈到了对外直接投资过程中的资金问题，因此资金方面可能是政府支持企业"走出去"需要考虑的一个较为重要的方面，相应措施还需要进一步地加强和改进。

# 第四章

# 对外直接投资对创新绩效影响的
# 机制研究

本章主要目的是围绕核心变量构建理论模型，对核心变量之间的逻辑关系进行论证，从而构建本书的理论模型和研究假设，为实证研究奠定理论基础。

主流的跨国公司理论对跨国公司对外直接投资行为进行分析主要基于交易成本理论、垄断优势理论、产品生命周期理论、国际生产折衷理论等，将发达国家的跨国公司作为考察和研究对象。这是由于从历史的发展来看，跨国公司起源于发达国家，进行对外直接投资的主要是发达国家的公司；从学术发展阶段来看，早期研究跨国公司对外直接投资行为的主体为发达国家的学者。近十几年来，来自发展中国家的跨国公司迅速扩张、在世界范围内投资地位显著提高且竞争力逐步增强。

来自发展中国家跨国公司的竞争，向已有的国际投资理论提出了挑战。发展中国家跨国公司不像发达国家跨国公司那样拥有垄断优势，并且发展中国家跨国公司在对外直接投资动机与演进模式两方面与发达国家跨国公司呈现截然不同的特征。因此,有学者开始尝试提出不同的理论来解释发展中国家对外直接投资行为。Dunning 在 20 世纪 80 年代初就将国际生产折衷理论延伸运用至发展中国家;Lall(1983)从技术积累的角度提出了技术积累理论;Wells(1983)提出小规模技术理论,认为发展中国家跨国公司的竞争优势来自较低的生产成本;Cantwell 和 Tolentino(1999)从技术积累视角出发,提出技术创新产业升级理论来解释发展中国家企业的对外直接投资活动。而用于分析跨国公司本质及相关问题有效性的资源基础理论近年才引起学者们的关注。从战略管理理论演进的过程和趋势来看,资源基础理论已成为战略管理研究领域的主流观点和战略管理理论的主流学派,本书意图基于战略管理理论的观点,从资源的视角来分析中国跨国公司的创新绩效问题。

## 4.1　资源基础理论与动态能力理论

### 4.1.1　资源基础理论概述

资源基础理论(资源基础观)的假设:企业对不同形态的资源进行具体分类,将资源优势转变为竞争优势;资源是企业经营的根本,不具有流动性和可借鉴性;企业具有资源和能力是企业长期参与市场竞争并保持优势地位的关键。该理论认为,企业是多种资源的集合体,并利用资源参与经济活动,且不同企业在资源配置和要素能力等方面存在较大差异,这是造成企业进入市场后产生明显优劣之分的关键。资源基础理论的核心思想是企业是资源的集中体现,企业拥有的资源和要素在数量和质量上的差距直接导致企业强弱的区分(Day,2014)。

总体而言,资源基础理论的内容由以下三部分构成。

**1. 企业竞争优势资源：特殊的异质资源**

资源基础理论认为，资源种类各异，其用途具有多样性，其中货币资金是所有资源中最具竞争优势的资源。企业通过制定战略规划和决策进行资源性能配置，很多资源不具有重复使用的性质，随着配置和经营布局而损耗。

**2. 竞争优势的持续性：资源的不可模仿性**

企业竞争实力强的主导因素是企业内在拥有资源的特殊性，这意味着该种资源具有满足市场需求的特殊能力，因此能为企业带来大量经济效益。经济效益和竞争优势的形成体现出特殊资源的难以获取。

**3. 特殊资源的获取与管理**

资源基础理论具体阐述了企业实现市场竞争优势地位的依靠途径和发展方向，最根本的是把握特殊资源带来的经济效益。本书从以下三方面论述企业优势资源获取和利用途径。

（1）组织学习。资源基础理论的提出者以及后期的理论研究学者都认为，企业最特殊的资源是企业整体知识和各项能力，从根本上讲，这些知识和能力的获取依靠学习手段。

（2）知识管理。知识作为既定存在，需要被人吸收运用才能体现经济价值。企业员工的工作行为实质上是知识运用和知识创造的外部表现，因此企业要加强对知识微观活动的管理。

（3）建立外部网络。资源储备和能力水平不足的企业在市场竞争中处于弱势地位，且发展缓慢。可以将该部分企业进行集中，创建知识联盟等组织，进行企业知识和技术提升。

资源基础理论认为企业是由多种多样的资源组成。正是由于各企业拥有的资源存在异质性，因此每家企业的竞争能力不同、经营绩效不同。基于资源基础理论，由于不同的企业拥有不同的资源禀赋，因此企业之间是异质的，并且资源禀赋存在"黏性"（Teece，2009）。Teece 认为，资源基础理论从战略管理的视角发展了企业新的能力，有助于企业进行知识管理、并购以及获取无形资产等，资源基础理论能为战略学派的发展做出较大的贡献。

资源基础理论在概念理解与理论基础等方面与 OIL 具有较多共同点。资源基础理论强调企业在实现世界市场开拓过程中，与当地企业进行竞争的优势来源于企业自身特殊资源，包括企业较高的管理水平和自有丰富资源。该理论认为专有资源的拥有量、资源整合效率是决定企业能否经营成功的关键因素。资源基础观有助于解释企业为何能克服障碍（Cuervo-Cazurra and Genc，2008）、将后进者劣势转变为优势（Bartlett and Ghoshal，2000）以及具有高度的适应性和灵活性（Dibrell et al.，2014）等。

资源基础观的假设是基于无形资产（相对于有形资产）的概念，认为无形资产如果是稀有的、有价值的、难以被模仿的，那么就形成了企业持续的竞争优势。学者们将资源按照能力和知识进行划分，有的学者认为企业是能力的独特集合体（Foss and Pedersen，2002），有的学者认为企业是知识的独特集合体（Kogut and Zander，1993；Spender，1993）。知识基础观成为资源基础观的一个重要分支，知识被认为是企业最重要的资源，是企业持续竞争优势的重要来源，因此知识基础观在资源基础观的基础上被提出并讨论。而能力是指如何利用资源（例如知识资源）。对于跨国公司而言，如何实现资源的跨境转移很大程度上取决于企业能力，因而在此基础上形成动态能力的构念。基于上述论述，本书结合知识基础观和动态能力理论来分析中国企业对外直接投资的创新绩效问题。

## 4.1.2 知识基础观

知识基础观（Knowledge-Based-View，KBV）是建立在大量的理论和实证基础上的，这些研究主要围绕的是在网络联盟中的学习。知识基础观将知识视为企业的关键资源，企业的目的是实现知识的创造、整合和转移（Acedo，Barroso and Galan，2006）。虽然资源基础观建立在对竞争优势的静态观点之上，但它强调学习和组织更新的动态性，在这方面它类似于动态能力理论的观点，知识基础观采用比资源基础观更为动态的视角来考察企业。然而直到近几年学者们才开始对微观层面的能力感兴趣（Felin et al.，2012），动态能力理论对组织能力的研究集中在组织层面，而知识基础观的研究则始终包含了个人层面和组织层面这两方面（Valtakoski，2016），具体如表 4.1 所示。

**表 4.1　知识基础观的特征**

| 类别 | | 特征 |
| --- | --- | --- |
| 分析层面 | 个人 | 组织的个体雇员拥有的知识。个人学习是组织知识的基础 |
| | 团体 | 团体由几个相互作用的个人组成。共享轨迹意味着更广泛知识发展和传播的必要性 |
| | 组织 | 知识的集合将个人经验进行了解释和制度化，包括组织文化和日常惯例 |
| 知识类型 | 隐性知识 | 个人和组织的知识不能被直接表达，较难转移，必须通过经验学习获取 |
| | 显性知识 | 可以通过语言、文字等被表达出来或者被保存下来。以标准化的形式表达的显性知识，通常可被处理成可理解代码，并通过信息系统进行存储 |
| 层级 | 知识结构 | 关于系统各组成部分如何整合并相互连接以形成连贯整体的知识 |
| | 知识组成 | 代表了一个系统中不同部分的知识，表现出一个有明确定义的函数 |

续表

| 类别 | | 特征 |
|---|---|---|
| 活动 | 编码 | 以一种普遍理解的代码形式表达知识,有助于知识的传播,通常需要知识制度化 |
| | 知识整合 | 产品和服务的生产需要结合个人的知识,并构成关键的组织能力 |
| | 复制 | 将能力从一个具体的经济环境转移或重新部署到另一个具体的经济环境 |
| | 知识转移 | 知识从一个组织转移到另一个组织的过程,这受制于认知距离、知识的默契性和吸收能力 |

资料来源:Valtakoski, A., "Explaining Servitization Failure and Deservitization:A Knowledge-based Perspective", *Industrial Marketing Management*, 60, 2016。

知识基础观认为,企业能够产生和积累知识,建立可持续的竞争优势。知识基础观是在资源基础观上进行拓展而来(Wernerfelt,1984),由于知识往往是有价值的、稀缺的、难以模仿的,因此知识常被视为竞争优势的重要来源,甚至是比异质性资源更为重要的资源(Kogut and Zander,1993)。知识基础观强调知识资源的重要性,将知识作为企业最重要的战略资源来考虑,认为知识是企业存在和发展的基础,企业成长的过程就是创造和积累更多知识的过程(Spender,1996)。知识基础观认为只有企业能够有效地利用知识才能生存下去(Rebolledo and Nollet,2011)。知识以信息和专有技术的形式存在,公司通过创造这些知识可以产生竞争优势(Kogut and Zander,1992)。值得注意的是,知识基础观认为知识是需要通过适当的途径去创造的。由于并不是每一个过程都能创造有价值的知识(Blome et al.,2014),因此在创造知识的组织原则下,组织可以获得更多的资源(Blome et al.,2014)。根据知识基础观,一家公司储备的有价值的资源有助于竞争优势的形成,例如拥有关于市场和营销的独特知识储备对形成竞争优势是非常宝贵的。知识对于形成竞争优势来说是无价的，一家企业可以创造内部知识或通过与其他公司建立战略联盟来获取外部知识。从外部来说，知识获取发生在企业能够在自己与合作伙伴间转移知识的时候（Pollitte et al.，2015）。企业的知识可以从市场中获得，从市场中获得的知识被认为是隐性的、特别的以及有深度和广度的，深度指的是在一定范围内拥有的知识的复杂程度，广度是指企业对环境了解的广泛程度（Chen et al.，2017）。知识推动变革并将各种资源运用到新产品、新工艺和新业务中去（Price，2013），但仅仅有独特资源是不够的，还应具有管理、集成和部署核心资源这种关键能力。

根据知识流动程度和流动方向两个维度，Gupta 和 Govindarajan（1991）将跨国公司在所处网络结构中各个节点扮演的角色划分为四种：全球创新者、知识整合者、执行者和当地创新者。全球创新者主要负责知识流出，具有高流出、低流入的特征；知识整合者的角色与全球创新者大致相似，都承担着为其他节点创造知识的重要责任；执行者是负责接收知识的，高度依赖知识流入，具有高流入、低流出的特征；当地创新者具有低流入、低流出的特征，对所有职能领域的相关诀窍均负有当地创新的责任。知识在不同类型跨国公司间的具体流动方向如图 4.1 所示。

**图 4.1 跨国公司网络结构的知识流动框架**

除了指出隐性知识的重要性外，知识基础观还指出企业跨区域经

营以及寻找、沉淀和应用新知识的过程都会产生一定的成本。只有当
运用新知识所产生的收益超出跨区域获取新知识的成本，企业才会获
得真实收益，否则会出现时间压缩不经济的现象（事情做得越快，效
率越低）。时间压缩不经济（Time Compression Diseconomies，TCD）是
指在其他条件不变的情况下，过程跨度增加使收益递减的现象。第一，
资源（任何重要的资源，特别是无形资源）开发需要大量的时间和资
源投入。第二，如果公司愿意缩短资源开发的时间，其必须承担更高
的成本。时间压缩不经济认为资源开发得越快，企业承担的成本就越
高。时间压缩不经济会发生，管理者可能面临决策不确定性高、因缺
乏信息而失败的风险。时间压缩不经济是知识基础观的一个动态视角，
使知识基础观在战略实施的研究中得到更为广泛的应用。

### 4.1.3 动态能力理论

一直以来，战略管理领域都将"如何获取并保持竞争优势"作为
研究重点（Teece et al.，1997）。然而，资源基础观只是从静态的角
度回答了企业优势的来源，并没有说明如何获取这些资源，同时也
无法解释从资源到竞争优势的形成机制。尽管有学者（Prahalad and
Hamel，2006）在资源基础观的基础上提出了核心能力的概念，然而
在动态复杂的环境中，传统的核心技术和资源由于其相对黏性往往成
为企业发展中的绊脚石，核心能力本身所具有的"刚性"属性
（Leonard，2010）使得企业难以适应环境的动态变化，导致企业陷入
惯性陷阱，因而核心能力在动态环境下不能必然地为企业带来持续的
竞争优势。动态能力是嵌入组织中的，企业要经过一段时间才能培养
起来（Helfat and Peteraf，2015）。

以往的学者对动态能力实现的流程进行了总结，依次是感知、协

调、学习、整合和重新配置资产（Protogerou et al.，2012）。感知能力被定义为在环境中发现、解释和追求机会的能力。企业必须搜集关于市场需求、竞争者行为以及新技术的情报，以便于及时更改战略。协调能力被定义为安排和部署与资源有关的任务的能力，有助于减少任务冗余，促进有效协作。学习能力被定义为获取、吸收和利用新知识的能力，有利于企业做出明智的决策和形成新的能力。学习被认为是动态能力实现流程中非常重要的环节。整合分散资源的能力被视为动态能力的基础（Teece，2007）。重新配置资产的能力被定义为企业实施重组的能力。资源基础观从战略的视角出发，考虑到开发新的能力。事实上，如果拥有稀缺资源，比如获得技能和管理能力，就是掌握了经济利润的来源，那么学习就成为基本的战略问题（Mikalef and Pateli，2017）。

由于组织学习的重要作用日益凸显，现已发展出了组织学习理论。组织学习理论与学习能力有关。Bolisani 等（2013）认为，组织学习是指在新的知识背景下，组织获取、增长、转移知识和纠正错误行为的过程。总之，组织学习可以被分成几个过程，包括学习和收集新知识、表达和创造新知识。Dai 等（2014）提出了组织学习的四个维度，即直觉（发现）、理解（获取）、制度化和整合（发明）。其中直觉和理解被用来收集新知识，制度化和整合可以用来为对外直接投资编码和解释他人拥有的知识。组织学习过程可以被进一步划分为收集知识、编码和解释知识、混合旧知识以及创造新知识几个过程。Chung 等（2015）将组织学习定义为一种能够影响行为的新知识或者新见解的发展潜力。可以说，知识是组织学习重要的基础。学习是一种动态的能力，使企业可以持续满足快速变化的市场需求。组织学习发生在一定的情境中，情境指的是组织文化、结构、进程、技术、奖励体系等

（付菁华，2009）。

动态能力是指企业能够意识到机会，及时获取和更新资源以便于适应商业环境的变化（Pisano and Teece，2007），存在于企业文化、组织实践以及管理者的认知能力中。动态能力是一种战略选择，不能通过交易获取，因此竞争者难以模仿。对于寻求境外扩张的企业来说，可复制性是优势的来源，而竞争对手的模仿会削弱企业的竞争优势，因此，动态能力强的企业可以保持持续稳定的竞争优势（Pezeshkan et al.，2016）。动态能力理论提出，推动企业进行创新的动力是创新资源具有可持续循环能力和开拓性。一般性企业创新不能突破原有路径模式，在研究阶段存在复制和借鉴行为，因此无法消除能力惯性的影响。动态能力理论提出，企业创新要克服固化组织惯例带来的管理弊端，同时要突破能力惯性造成的创新局限，企业还需依据市场环境需求对组织管理体系进行升级。不同的企业动态能力不同，动态能力强的企业能够有效地协调资源来配合具体的战略部署，有效防止企业僵化，这有助于维持企业进化能力（Girod and Whittington，2016）。

## 4.2 企业对外直接投资与创新绩效

基于资源基础理论，境外市场需求成为跨国公司竞争特有的竞争优势（Williamson and Yin，2013；Buckley and Hashai，2014）。资源基础理论强调，资源是企业持续经营所必须具有的一种竞争优势，跨国公司不仅要从企业的组织内部挖掘资源，而且要从外部环境中获得经营所需的资源。资源基础理论可以用来解释发展中国家跨国公司的境外投资行为（Sun et al.，2012），该视角为跳板视角。跳板视角认为，企业可以借助国际化公司参与全球市场，通过市场交易获取战略资产等各类资源，实现技术创新能力的提高（Duarte，2017）。资源基础观强调资源的驱动因素，认为推动发展中国家企业努力拓展境外市场、逐步与国际水平接轨的重要驱动力是对先进技术、品牌、资本等资源的获取。知识基础观认为特定的资源和能力是公司的竞争优势，最终带来卓越的业务绩效（Sirmon and Hitt，2003），知识推动变革并将各种资源运用到新产品、新工艺和新业务中去（Price，2013），从而提高创新能力。本书认为对外直接投资可以使企业从东道国外部性知识中学习先进技术等，并从中获得收益。跨国公司可以通过世界范围的子公司获取知识，增加创新资源（Mudambi，2011；Rugman et al.，2011）。

目前企业"走出去"的途径主要包括联合研发、并购两种，可能影响技术创新水平的作用机制包括技术获取、规模经济以及利润反馈。

首先，企业间联合研发模式（建立研发中心等）将研发失败造成的资金损耗、经营周转问题进行风险均摊，同时也会激励企业研发进步，在竞争中实现联合协作。制度完善的东道国可以帮助新兴国家通过降低交易成本的方式增加创新要素投入（Wang et al.，2015）。相比于大多数新兴市场，先进市场通常可以提供更好的知识产权保护，更透明的信息，并有更成熟的资本运作市场（Lee et al.，2007）。其次，企业可以通过并购以及联合研发（两国企业联合出资进行技术研发）获取先进技术。Ashraf 等（2016）采用 123 个国家 2003~2011 年的面板数据进行实证，发现在发达国家的并购对创新绩效的影响非常显著。基于最初的资源基础理论，被收购的东道国企业拥有的资源不同使得收购之后的绩效不同。如果目标企业拥有更高水平的专业技能，则收购方需要支付更多的收购成本。联合研发的方式可以减少在研发方面的支出，帮助企业降低创新成本，提高创新产出（Williamson and Yin，

2013）。再次，企业"走出去"还可能形成规模经济效应，主要表现在"走出去"带来更多的出口。Buckley 和 Hashai（2014）基于资源基础理论提出，境外市场需求是进行对外直接投资的企业所特有的优势，可以减少研发过程中的损耗支出，将成本控制在适度范围，有助于控制研发风险。企业出口增加带来产出增加，进而减少了单位产品的固定成本，分摊了单位产品的研发成本，提高了创新产出能力。最后，利润反馈机制是境外子公司营业利润的反馈机制。境外子公司在东道国开发市场，进行销售，获取了比在国内设立子公司更多的利润。这些利润可以为企业创新研发提供所需资金，使企业雇用拥有更高技艺的员工，加大 R&D 投入，进而促进创新产出。根据资源基础理论，企业为了应对日益激烈的国际研发竞争，只有加大对创新资源的投入才能保持持久的竞争优势（Williamson and Yin, 2013），而实行国际化战略不仅可以增加企业创新资源投入的动力，而且可以通过与东道国联合研发、适应当地市场需求变化、及时满足消费者需求等优势提高创新能力。

综上，企业通过技术获取、规模经济以及利润反馈等途径直接或间接实现创新绩效的提高，而采取深入和广泛的对外直接投资战略会增大上述途径实现创新能力提升的可能。知识基础观认为，跨国公司境外经营就是为了更有效地转移和利用知识（通常学者们更关注显性知识）。但随着境外经营的深入，它需要不断地产生和创造新的知识，因此跨国公司经营不仅仅是为了保持现有的知识存量和对现有知识的利用，更是为了为创造新知识构筑平台（薛求知，2007）。为了不断地拥有新知识，企业必须推动对外直接投资进程。

Hakanson 和 Nobel（2000）对跨国公司本土化现象进行了总结：一是跨国公司市场进入模式和进入时间长短等因素的差异，直接造成其与本地企业合作水平的差异；二是跨国公司本土化程度与境外创新研究能力之间存在正向关系；三是跨国公司本土化水平越高，其与当地企业之间建立的经济关系越牢固，越有利于实现先进技术资源的反向转移。境外经营的范围越广，越有利于企业获取全球多样化知识，整合多元化技术，并且提高企业从技术溢出中获益的能力（Lahiri，2010）。Laursen 和 Salter（2010）认为，创新往往是对原有知识重新组合的结果，将互补的知识相结合可以提高创新绩效。跨国公司子公司的广泛分布可能为跨国公司创新提供新的要素，增加发现新组合的可能，进而帮助跨国公司提高创新绩效（Nuruzzaman et al.，2017）。创新过程中的不确定性也是跨国公司扩大子公司分布范围的一个原因。Leiponen 和 Helfat（2011）强调，由于创新的高度不确定性，因此只有扩大搜索知识和技术的范围才能产生更大的创新。Kafouros 等（2012）通过实证研究发现，不仅是跨国公司子公司所在网络的广度，其深度也起到了很重要的作用。重复使用相同的知识元素可以减少错误的可能性，促进开发，使获取知识过程更加可靠。产品开发任务可以有效地被分解成可解决的子问题，不必要的步骤可以被去除，提高创新效率（Engel and Del-Palacio，2009）。此外，由于企业自身的学习能力有限，将注意力集中在深度经营的跨国公司会使企业更有能力跨过复杂知识的门槛，成功地将外部因素融入运营中（Ferragina and Mazzotta，2014）。

基于上述论述提出如下假设。

假设 1a：企业对外直接投资深度对创新绩效具有正向影响。

假设 1b：企业对外直接投资广度对创新绩效具有正向影响。

以往的学者们在讨论对外直接投资速度对创新绩效的正向影响时，认为快速进入东道国的企业充分利用了先发优势，开发和获得了有价值的资产。快速进行对外直接投资可以使企业获得先发优势，公司可能会抢占一些有价值的资源，而这些资源是后进者没有办法拥有的，或者可以使企业占据好的位置去开发已有的资源（Lieberman and Montgomery，1988）。特别是对于市场寻求型企业，先发优势可以帮助企业先于竞争对手抢占销售地点（Laanti et al.，2007）。因此，缓慢进行对外直接投资可能由于减少了企业发挥先发优势的机会而影响其绩效。快速进入东道国的企业拥有特定模式的知识和能力，例如知识管理能力（Cavusgil and Knight，2015），使这些企业在对外直接投资初期在境外市场具有持续的卓越表现。快速进入东道国可以迅速提高企业在竞争中的地位（Mort et al.，2012），被认为是新兴经济体跨国公司收购进程资源、追赶发达国家的重要竞争手段（Glaister et al.，2014）。快速对外直接投资给企业带来利润，可以通过利润反馈机制产生更多的创新产出，提高创新能力。利润反馈将为母公司的技术研发和产品升级提供更多资金支持，因此也能促进企业创新绩效的提升。

新的信息技术在短短数十年中就可以被全世界广泛应用，新的应用每天都会出现。学者们认为创新是企业寻求新市场的进程工具，可以提高市场份额（Gunday et al.，2011）。由于技术快速变化和全球市场竞争加剧削弱了现有产品和服务的增值，因此创新绩效对企业而言尤为重要（Gunday et al.，2011）。由于企业创新绩效对企业起着至关重要的作用，因此本书认为快速进行对外直接投资的企业会将增加的资产和收益用于创新活动，提高创新绩效和核心竞争力。以往学者研究企业进入东道国的速度对创新绩效的影响时还考虑企业家精神的作用（Kyläheiko et al.，2011）。基于资源基础观的研究结果显示，企业对外直接投资受到管理者意志、境外市场吸引力、声誉和人力资本等因素的影响（Javalgi and Grossman，2014）。企业家行为可以使企业具有冒险倾向，采取竞争性行为，加大产品创新（Mokhber et al.，2016）。因此，本书认为能够快速在境外扩张的企业的领导者具备企业家精神，会使企业更注重创新能力，采取更多的措施去提高创新绩效。

基于上述论述，虽然有学者认为快速境外扩张会造成时间压缩不经济的现象，但本书仍认为先发优势以及企业家精神等优势会抵消时间压缩不经济导致的影响并带来更多的创新，因此提出以下假设。

假设1c：企业对外直接投资速度对创新绩效具有正向影响。

## 4.3 企业对外直接投资与隐性知识获取

企业对外直接投资过程就是企业将资源和生产要素进行跨国转移的过程。知识转移被定义为"一个个体受到另一个个体的经验影响的过程"（Argote and Ingram，2000）。基于知识基础观的观点，企业是创造和转移知识的有效组织，企业拓展市场就是将现有知识复制和转移并创造新知识的过程，而一家企业的优势就在于能够比其他企业更有效地理解和实施这一过程（Price，2013）。知识资源不仅可以在跨国公司内部转移，而且可以通过外部网络进行转移吸收和转化。特别是在20世纪90年代，大量涌现的新信息和新技术增加了企业利用外部知识提高能力的压力。企业开始越来越依赖外部网络来产生新知识，并且跨国公司开始利用自己的国际影响力来获得更广泛的知识来源（Dunning and Narula，1995）。因此，按照知识基础观的解释，企业跨国经营选择对外直接投资的方式不是由于市场失效做出的被动选择，而是为了获取竞争优势的主动战略选择（薛求知，2007）。

资源基础观强调资源是企业持续经营所必须具有的一种竞争优势，更重要的是，这种竞争优势必须是稀有的、难以复制的、不可替代的，这才是"有价值"的企业资源。只有将所拥有的资源进行充分合理的配置，才能使"有价值"的企业资源发挥其价值。Barney（1991）将价值（Value）、稀有（Rarity）、不可模仿（Inimitability）以及组织（Organization）称为资源的 VRIO 框架，这是基于资源基础观提出的企业"有价值"的资源特征。动态能力理论认为，获取"有价值"资源的途径是组织要不断地学习，强调了组织学习的重要性。事实上，学者 Stata（1989）提出，组织学习是企业竞争优势的主要来源。而全球化的加剧使企业比以往更关注组织学习和知识转移（Argote，2015）。全球化使企业面临新的挑战。为了防止竞争对手的复制和模仿，多数企业会选择从企业外部引入新知识，然后将新知识和现有知识进行整合，以便于开发属于组织的知识，这就是组织学习过程（Sun et al.，2012）。通过获取新知识和更新现有知识，组织可以有更好的学习和创新绩效，从而形成可持续的竞争优势。基于知识基础观，企业要实现持续经营，就必须拥有独特的资源优势。优势资源是独特的、难以模仿的、难以复制的、稀缺的，而隐性知识正好具备了这样的特征，隐性知识在企业管理中总的作用超过显性知识（薛求知，2007）。若存在两家处于同一行业且产品类型相同的跨国企业，双方管理水平、经营能力、技术、资本等各项经营优势相当，同时对某发展中国家实施投资，而跨国公司 A 能够在短期内实现对东道国隐性知识的挖掘和整合，而跨国公司 B 的完成能力较差，则公司 A 更具备进入国际市场的组织优势（Bertrand and Capron，2015）。

在早期研究国际化的文献中，学者们普遍认为知识是在国际化进程中逐渐积累起来的，企业需要一段时间来积累知识。解释全球化现象的文献已经将知识视为一种使公司能够迅速扩大其国际业务的天赋资源（Hurtado-Torres，2012）。在现有研究中，企业通过组织学习将境外经营和知识获取联系起来，事实上，进行境外投资的企业必须善于增加其市场知识（Hurtado-Torres，2012）。境外市场为企业提供了学习机会，境外获取的隐性知识使企业具备在国际市场上运营的技术和营销经验（Karna et al.，2013）。这些是企业非常重要的资源，对企业识别对外直接投资机会至关重要，能够促进未来国际扩张。企业通过对外直接投资，能够获得一定的投资经验，对创新市场有更为敏锐的洞察力，从而使企业能够做出更有益于企业的投资决策，形成独特的竞争优势（Park et al.，2015）。境外经营程度较高，特别是子公司分布的东道国数目较多，可以使企业接触不同的创新环境并帮助其从不同的环境中获得多样化的隐性知识。另外，深度对外直接投资可能带来企业对国际市场的深入了解，可以帮助跨国公司区分不显而易见的外部性。在组织学习理论的基础上，薛求知（2007）认为隐性知识与社会环境、文化环境紧密相关，往往不能被简单地传递，而需要日常工作中长时间的交流学习和积累。也就是说，企业增加对外直接投资深度和广度，有益于隐性知识的获取。

此外，跨国公司领域学者近年来热衷于以企业异质性视角为切入点讨论跨国公司行为，该理论被称为新新贸易理论。该理论认为，企业之间的异质性导致企业绩效的不同，通常将生产率作为异质性的替代指标。然而，该理论只强调了异质性的"后果"，却没有解释异质性的"前因"。基于新新贸易理论，跨国公司经营绩效的不同是由于企业的异质性，那么究竟是什么原因造成了跨国公司的异质性呢？从知识基础观的视角来看，企业异质性源于各自拥有知识的差异性。知识基础观认为，企业的对外直接投资战略不同，对知识的接受和传递方式不同，认知不同，职工之间沟通方式不同等导致其知识积累程度不同。换言之，企业采取不同的对外直接投资战略，会使各家跨国公司获取隐性知识的路径不同，获取和积累的隐性知识各不相同，这也是跨国企业创新绩效不同的一个重要原因。

虽然有些学者认为地理的距离会阻碍境外隐性知识的获取，但是现代通信电子技术日益发达，人工智能、在线社会网络等的迅速发展可以有效缓解由距离带来的不利影响（Zhu et al.，2015）。信息通信技术对于跨国公司而言起到了关键作用，能够提高跨国公司的沟通效率（Goh，2005）。因此，本书认为企业通过加深对外直接投资的程度，可以积累更多的隐性知识。基于上述论述，提出以下假设。

假设2a：企业对外直接投资深度对隐性知识获取具有正向影响。

假设2b：企业对外直接投资广度对隐性知识获取具有正向影响。

基于动态能力理论，虽然企业经营惯例能够使企业在短时间内持续运行，实现生产量和生产效率的提高，但从长期来看，这些惯例会产生惯性和能力陷阱，使组织变得不灵活，这对于企业适应快速变化的环境和利用机会是不利的（Teece，2009）。动态能力理论强调了企业能够快速适应环境变化也是企业的竞争优势之一，而隐性知识形成的竞争优势所固有的黏性，限制了企业动态能力的发展。上述惯例会削弱企业创新发展的能力，降低企业管理效率。快速进行对外直接投资需要企业进行快节奏组织变革，可以阻止企业陷入惯性困境（Klarner and Raisch，2013）。因此，本书认为企业在东道国经营时采取快速扩张的策略，在短时期内频繁地与东道国企业进行往来交流，有助于克服能力惯性，接受新的隐性知识，从而形成新的竞争优势。除了组织内部的惯性和黏性，跨国公司日常工作的惯例行为也是限制企业灵活的因素。一个高层管理团队必须通过反复更改惯例来获得修改惯例行为的经验，越是创新成功的企业，越是频繁地变动其惯例。

Hurtado-Torres认为，尽早进行境外经营可能带来某些学习优势，因为企业成立时间越长越难以模仿。组织学习迫使管理者考虑如何从境外经营中获得国际市场知识以及如何在公司中使用这些知识（Casillas and Acedo，2013），因此组织学习能力决定了企业能否有效吸收和整合从国外经验中获得的知识。基于上述论述，本书认为，企业加快对外直接投资速度有利于企业动态能力的发展，有利于企业更快地适应复杂多变的东道国市场环境，更快地获取与企业经营实践有关的隐性知识，因此，提出如下假设。

假设2c：企业对外直接投资速度对隐性知识获取具有正向影响。

## 4.4　隐性知识获取与创新绩效

知识基础观认为，企业之间不同的绩效可以用企业所拥有的知识资源不同这一观点来解释（Barney，1991）。Feest（2016）认为，企业中的隐性知识是企业持续竞争优势的源泉，对企业的知识创新、技术创新具有重要作用。基于动态能力理论探讨企业资源和能力的不同，资源和能力的差异使得有些企业能够比其他企业更有能力完成活动和实现目标，例如创新产出（Morgan et al.，2004）。由于隐性知识具有难以表达、难以获取等特性，因此在跨国公司的知识转移过程中学者常把隐性知识与显性知识混为一体，并将专利产出作为知识溢出的替代变量，这显然忽略了隐性知识的作用机制。事实上，隐性知识对创新绩效的影响机制与显性知识不同。

隐性知识可以激发人们对显性知识的理解和探索，解决问题和带来新的创意。有些学者将隐性知识视为一种社会能力（Social Capability），认为一个企业拥有的隐性知识能够促进显性知识的产生，能够更好地解决问题（Goffin and Koners，2011）以及促进更多创新性想法产生。并且隐性知识由于具有稀缺性和不可取代性，因此能带来不能被随意复制的创新。知识本身是不能创造价值的，利用知识解决问题是价值实现的途径，而隐性知识正是将显性知识转化成创新产出的重要途径。Damanpour 和 Aravind（2012）强调创新可以是新产品也可以是新服务、新技术生产过程、新管理系统或者与组织成员有关的新计划。在创新发展的过程中，创意转化成新产品或服务、新技术生产过程及新管理方法。

将隐性知识按照内容和应用两个指标进行划分，可分为技能型和认知型两种。技能型强调个体工作过程中对技术操作的熟练程度与技术创新，认知型强调个体有效感知外界文化认知。技能型隐性知识可以使显性知识发挥更大的作用（Contractor et al.，2007）。技能型隐性知识可以激发个体对显性知识的理解和探索，有助于解决问题和带来新的创意（Goffin and Koners，2011）。在组织行为和技术变革过程中，工人通过多年的工作经验所积累的隐性技能对企业的创新效益增长起到重要作用。现有的文献中，学者们主要关注隐性知识对创新的影响，认为隐性知识是企业创新的源头（谭可欣、郭东强，2007）。学者们发现，隐性知识除了直接对企业创新产生影响外（范钧等，2014），还可以通过与显性知识相互转化来促进创新。此外，由于隐性知识具有价值的、稀有的、不可或缺的以及不可替代的特征，因此可以为进行对外直接投资的企业带来更多难以复制的创新（Fletcher et al.，2013）。

认知型隐性知识更直接地与创新绩效相关。Hilmersson 等（2012）认为隐性知识能够最大限度地降低新入企业的不确定性风险，使企业更快地适应东道国市场并从中获取收益，通过利润反馈机制促进创新。拥有国际化经验的企业能够利用它们现有的境外关系（与境外顾客、供应商、官员和中介等的关系），这些资源是企业国际化进程的基础，能够帮助对外直接投资企业应对复杂的国际环境（Li and Meyer，2009），快速与境外企业建立合作关系，从而降低对外直接投资过程中的搜寻成本、交易成本、国际协调成本、监督成本、创新成本和风险（Pennings et al.，1994），通过规模经济机制促进创新。尽管企业境外获取的隐性知识效用随企业而异，但境外获取的隐性知识对企业在对外直接投资过程中识别和利用机会有很大帮助（Chetty et al.，2006）。前文提到，中国作为境外市场的后入者，面对竞争激烈的市场时容易产生后入者劣势，而隐性知识可以缓解缺乏境外经营经验造成的劣势（刘健、刘春林，2016），使企业快速地融入东道国市场。隐性知识能够有利于企业与东道国市场保持更为密切的关联。这种联系可以使企业洞察东道国市场的新动向、新趋势，进而促进创新。综上，隐性知识越丰富，对外直接投资（对外直接投资深度、对外直接投资广度和对外直接投资速度）对企业创新绩效的影响作用越强。

事实上，技能型和认知型隐性知识相互影响，因此本书对隐性知识不进行细分，认为跨国公司在境外获取的隐性知识能够对创新绩效产生促进作用。

因此，提出如下假设。

假设3：隐性知识获取对创新绩效具有正向影响。

## 4.5　隐性知识获取在对外直接投资与创新绩效之间起到中介作用

早期的学者就已经意识到从外部获取知识的重要性。一个组织的竞争优势源于知识的积累，而组织的知识积累必须依赖通过交流获取的外部知识，为了维持其长期生存和竞争力，一个组织必须引进或转移新知识（Nonaka，1995）。组织将从外部获取的知识进行整合从而创造出新知识。Zack（1999）认为知识是创造持续竞争优势的唯一资源。通过持续的知识转移和学习，一个组织可以积累更多的独特知识。一直以来，知识的重要作用被后人反复提及，但显性知识和隐性知识却一直没有得到进一步的区分，直到知识基础观的提出。知识基础观强调了隐性知识的重要性。知识基础观认为，企业是一个知识处理系统，企业核心能力的来源是企业的隐性知识；企业内的知识以人为载体，通过各种手段如文本、技术系统、言传身教等实现部分和完全共享，通过知识整合和创造产生能带来经济价值的新知识（Liao et al.，2017）。企业的这一特征使得企业同时面临两个主要任务：一是对企业内部的个人知识进行整合、创新以创造出新的有价值的专门知识；二是从外部获取企业所需知识。知识基础观通过对企业知识本质的重新思考，推进了人们对竞争优势来源的认识。基于知识基础观，企业竞争优势主要来源于有效地从外部获取的隐性知识。

隐性知识具有情境性，企业可以通过对外直接投资的方式从境外市场获得隐性知识。正处于实践当中的中国企业也逐渐发觉，仅仅依靠原有的经验技巧等隐性知识是不够的，要积极通过识别境外的隐性知识并进行一系列的转化、吸收、运用等过程形成新知识，从而提高企业的创新绩效。跨国公司在进行对外直接投资之前，在国内经营实践中积累了基于母国市场环境的知识，并开发出用以管理母国市场经营活动的组织结构和惯例。但由于母国和东道国法律、政策以及文化等环境的差异，为了适应东道国的环境，位于东道国的子公司要把与当地环境有关的独特知识传递到母公司或其他东道国子公司，进行知识融合和新知识创造。跨国公司通过组织学习，不断获取和积累有关知识，可以在"跨国经营"这一工具和"竞争优势"这一目标之间架起一座桥梁，如图 4.2 所示。

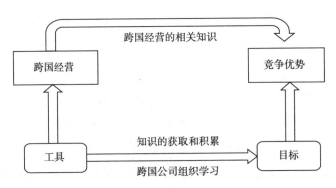

**图 4.2　跨国公司组织学习的桥梁作用**

资料来源：薛求知：《当代跨国公司新理论》，复旦大学出版社，2007。

　　隐性知识具有稳定性的特点，较难转移，一旦成功转移就较为稳定难以改变。因此要有效地获取境外隐性知识就必须采取对应的对外直接投资战略。本书第二章提到，跨国公司从境外获取隐性知识的途径包括国家和地区之间的劳动力流动以及企业与子公司或其他境外企业之间的合作。不论采取哪种方式，都应扩大范围和增加深度，便于境外隐性知识更好地转移，采取这些对外直接投资战略的企业可以获得更多的学习机会（Argote，2015），更好地利用全球资源，提高技术创新能力，开发更好的工艺，通过隐性知识的作用减少与创新有关的成本，利用更少的研发投入创造更多的创新产出（Barden and Mitchell，2007）。随着对外直接投资程度的加深，企业捕捉的隐性知识更加丰富，对于来自新兴国家的企业来说，会更善于处理境外扩张过程中出现的复杂的问题和不确定性（Chetty et al.，2006），包括创新研发过程中遇到的问题，从而提高创新能力。而动态能力理论强调，企业不仅要形成自身的竞争优势，而且要保持竞争优势。由于隐性知识存在黏性，具有稳定性的特点，一旦形成竞争优势很难改变。而在瞬息万变的市场背景下，不及时更新核心竞争力显然是不明智的。因此，从对外直接投资战略视角出发，加快对外直接投资企业在境外的扩张速度、缩短子公司成立的时间间隔可以帮助企业降低黏性，较快地形成新的竞争优势，从而促进创新。

中介变量是用来解释两个变量之间作用机制的。中介变量与自变量和因变量都有很强的相关性。Kucharska 和 Trust（2016）认为，在文化和信任对团队创新产出产生影响的过程中，隐性知识分享起到了重要的中介作用，企业文化和信任会促进隐性知识分享，团队之间分享更多的隐性知识会带来更多创新。以往学者的研究为本书将隐性知识获取作为中介变量提供了理论和实践参考。本书认为，中国绝大多数"走出去"企业目前尚处在对外直接投资初期的尝试摸索阶段，所需知识匮乏。同时，由于隐性知识具有难以转移的特征，因此企业在获取隐性知识的过程中需要在自身生产能力基础上，充分发挥外部资源对产品性能、生产工艺的改进和创新作用，在企业组织建构和管理模式等方面也实现相应变革，完成企业创新绩效，实现预期目标。因此，提出如下假设。

假设 4a：隐性知识获取在企业对外直接投资深度对创新绩效的影响中起中介作用。

假设 4b：隐性知识获取在企业对外直接投资广度对创新绩效的影响中起中介作用。

假设 4c：隐性知识获取在企业对外直接投资速度对创新绩效的影响中起中介作用。

那么，究竟外部知识如何帮助企业发展特有的竞争优势呢？知识基础观和动态能力理论共同回答了这一问题，知识基础观强调知识可以成为核心竞争优势，而动态能力理论则说明只有通过组织和外部环境，企业才有可能不断地学习和使用知识，更好地维持企业的优势。

知识基础观认为，跨国公司境外经营、拓展市场就是将现有知识进行复制和转移并创造新知识的过程，但是并没有解释知识的转移和创造过程究竟如何。而根据动态能力理论，一个持续的学习过程是维持企业独特能力的关键途径，这说明有效的管理学习过程将直接影响跨国公司在全球范围内竞争优势的保持。正是基于知识基础观，隐性知识由于本身具备稀缺性、难以转移和难以复制等特性而成为企业核心的竞争优势。而动态能力理论认为，研究影响企业有效的学习过程的因素是十分必要的，关系着企业是否能够长期保持竞争优势。因此本书在重点考察隐性知识获取发挥中介作用的同时，还从企业内部组织情景和外部网络关系两个方面考察了对企业通过对外直接投资方式获取隐性知识这一过程产生影响的因素。

### 4.5.1 组织结构有机性对企业对外直接投资与隐性知识获取关系的调节作用

能力并不等于资源的结合体，能力也不仅仅是卓有成效地利用资源，更是与组织结构和外部环境紧密相关（Prahalad and Hamel，2006）。动态能力理论强调了学习的重要性，认为学习是产生稀缺资源的一个非常重要的环节，而组织学习发生在一定的情景之下，因此本书从情境视角（组织结构）考虑影响组织学习的因素。动态能力理论认为，仅仅拥有独特的、难以复制的资源是不够的，企业还要具备改造、更新、重建核心资源的能力来持续地使企业拥有独特的竞争力。其中，资源指的是一个企业完成目标所需要的有形和无形的资产，能力指企业如何使这些资源保持下去，这种能力也是企业拥有的一种特殊资源。有机的组织结构不仅能为跨国公司隐性知识获取提供良好的环境，而且能使企业拥有快速更新落后资源的能力。

企业如果能够快速地更好地适应国际市场，那么就能通过对外直接投资获取更多的隐性知识。而有机的组织结构拥有灵活、包容的特性，这样的组织能够更好地适应组织外部多变的环境（Alavi et al.，2014），因此，有机的组织结构可以为企业通过对外直接投资方式获取隐性知识提供帮助。有机的组织是扁平化的，能够便于更好地横向沟通交流，减少隐性知识传递的壁垒（Johari et al.，2011），这是对隐性知识转移非常有益的一个方面。同时，有机的组织结构中的一个员工可以身兼数职，有利于实现部门之间更好的合作，进而带来更多的新知识。灵活多变的组织能够使跨国公司抓住机遇，获取更多的隐性知识。

动态能力理论认为，企业组织只有不断适应外部环境，更新内部资源配置，才能让竞争优势一直保持。企业形成核心资源以后，基于核心能力的刚性属性（Leonard，2010），企业的核心资源具有黏性的特征，很难被改变，旧的核心竞争力很难被淘汰，新的竞争资源难以形成（Prahalad and Hamel，2006）。以往的隐性知识的积累阻碍了企业接受新的隐性知识，会影响境外获取的隐性知识发挥作用。而组织结构有机性高的企业的动态能力更强，灵活的组织结构有助于企业接受获取的新要素，改变企业原有的核心资源，形成新的竞争优势。正是因为有机的组织结构更具有灵活性，所以当已有的知识不能适应变化的环境时，企业能够迅速改变现有的优势，形成新优势。企业的组织结构差异化越大，组织结构有机化程度越高，企业就越能够有效防止企业僵化，灵活地应对市场和环境的变化，这有助于维持企业进化能力。

基于上述论述，提出如下假设。

假设 5a：组织结构有机性对企业对外直接投资深度对创新绩效的

中介效应具有调节作用；即对于组织结构有机性高的企业，对外直接投资深度的加深会使其获取到更高水平的隐性知识，从而对创新绩效产生正向影响。

假设 5b：组织结构有机性对企业对外直接投资广度对创新绩效的中介效应应具有调节作用；即对于组织结构有机性高的企业，对外直接投资广度的增加会使其获取到更高水平的隐性知识，从而对创新绩效产生正向影响。

假设 5c：组织结构有机性对企业对外直接投资速度对创新绩效的中介效应应具有调节作用；即对于组织结构有机性高的企业，对外直接投资速度的加快会使其获取到更高水平的隐性知识，从而对创新绩效产生正向影响。

## 4.5.2　母国网络关系嵌入性对企业对外直接投资与隐性知识获取关系的调节作用

动态能力较强的企业更容易保持持续的核心竞争力，动态能力的形成过程分为感知、协调、学习、整合和重新配置资产五个过程。其中学习过程的重要性被一再提及，学习不仅包含对知识的学习，还包括对投资经验的学习。Argote 和 Miron-Spektor（2011）构建了分析组织学习的框架，该框架说明经验与组织环境共同作用，从而增加知识。经验可以用组织实现目标之前累计尝试的次数来评估。例如，外科医院的经验将由累计手术次数来衡量，飞机制造商的经验将由累计生产的飞机数量来衡量，咨询机构的经验将按累计咨询数量进行衡量。通过组织学习，经验得以吸收利用，产生新知识。资源基础理论的"追赶学习"视角表明，与公司之前的收购经验相关的学习会增加后续国际收购的可能性（Sun et al.，2012）。作为来自新兴经济体的企业，中国跨国公司虽然积极"走出去",但欠缺投资经验是一个不争的事实,因此企业除了从自身以往的投资过程中总结经验外,更应向周边的同类企业学习成功的经验,用以指导自己的投资过程和投资方向,也应从他人失败的经验中获得教训,获得有益的隐性知识。而境外投资经验不是通过简单观察就能得到,只有深入了解、多次沟通才能挖掘到有益于企业自身的内容。母国网络中不乏和母国企业的经营概况相似又经验丰富的合作企业,跨国公司与母国合作企业网络关系嵌入性高(通常学者们会从信任、共享以及共同解决问题三个方面来表征网络关系嵌入性,本书也基于这三点对母国网络关系嵌入性进行阐述和测算),说明彼此信任程度高,分享信息和交流沟通的意愿更强,有助于投资行为细节等信息的传达。信息共享是指合作伙伴之间进行超出合同规定范围的信息交换,网络关系嵌入性越高,共享的信息越具体、越私人(Mcevily and Marcus,2010)。信息共享可以为跨国公司提供更多的讯息和技术资源,使跨国公司与合作伙伴的合作关系更加透明与开放,能够对所处环境进行更好把控。共同解决问题是指合作伙伴随着合作的加深共同处理可能面临的问题,共同解决问题是一种高度互动,是一种双向交流,共同解决问题为合作双方提供了互动的学习平台,有助于企业共同发掘信息,这种双向交流有助于企业间投资经验的探讨(Mcevily and Marcus,2010)。

虽然资源基础理论强调从企业内部获取资源的重要性,但学者们也没有忽视外部环境的关键作用,动态能力理论认为组织获取资源的能力与组织结构和外部环境紧密相关。与母国网络中的合作伙伴建立紧密联系会给企业带来信誉背书,能够增强东道国企业与母公司的合作信心,增加东道国企业向母国转移知识的意愿。与母国本土企业的网络关系嵌入性较高的企业能够传达出一种信息,即母公司更为诚信并且具有良好的声誉，因此东道国企业将会更愿意与母公司合作联盟，分享与国际化经营有关的管理流程，帮助企业更好地识别投资机会、学习并改进组织惯例（杜健、周超，2018）；并且合作过程更加透明开放会使母公司更有效地学习吸收隐性知识。因此，母国网络关系嵌入性越高，越有利于母公司通过境外市场经营有效地感知跨国投资机会、获取所需隐性知识资源。

基于上述论述，提出如下假设。

假设6a：母国网络关系嵌入性对企业对外直接投资深度对创新绩效的中介效应具有调节作用；即对于母国网络关系嵌入性高的企业，对外直接投资深度的加深会使其获取到更高水平的隐性知识，从而对创新绩效产生正向影响。

假设6b：母国网络关系嵌入性对企业对外直接投资广度对创新绩效的中介效应具有调节作用；即对于母国网络关系嵌入性高的企业，对外直接投资广度的增加会使其获取到更高水平的隐性知识，从而对创新绩效产生正向影响。

假设6c：母国网络关系嵌入性对企业对外直接投资速度对创新绩效的中介效应具有调节作用；即对于母国网络关系嵌入性高的企业，对外直接投资速度的加快会使其获取到更高水平的隐性知识，从而对创新绩效产生正向影响。

## 4.6  总体假设与模型构建

基于上述理论和对变量的理论推导，提出本书的假设。本书共涉及三个主要变量和两个调节变量。其中对外直接投资为自变量，创新绩效为因变量，隐性知识获取为中介变量，组织结构有机性和母国网络关系嵌入性为具有调节中介作用的两个并列的调节变量。本书的模型构建如图 4.3 所示。

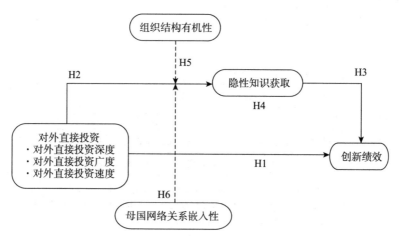

**图 4.3　总体假设与模型构建**

## 4.7　小结

本章在分析了企业进行对外直接投资正向影响创新绩效的基本理论和机制的基础上提出了研究假设。通过对企业对外直接投资深度、对外直接投资广度、对外直接投资速度和创新绩效、隐性知识获取、组织结构有机性、母国网络关系嵌入性之间的影响关系的分析，提出了 6 个总体假设，如表 4.2 所示。

**表 4.2　检验假设汇总**

| 序号 | 假设描述 |
| --- | --- |
| 假设 1a | 企业对外直接投资深度对创新绩效具有正向影响 |
| 假设 1b | 企业对外直接投资广度对创新绩效具有正向影响 |

**企业对外直接投资与创新绩效**

| 序号 | 假设描述 |
|------|----------|
| 假设1c | 企业对外直接投资速度对创新绩效具有正向影响 |
| 假设2a | 企业对外直接投资深度对隐性知识获取具有正向影响 |
| 假设2b | 企业对外直接投资广度对隐性知识获取具有正向影响 |
| 假设2c | 企业对外直接投资速度对隐性知识获取具有正向影响 |
| 假设3 | 隐性知识获取对创新绩效具有正向影响 |
| 假设4a | 隐性知识获取在企业对外直接投资深度对创新绩效的影响中起中介作用 |
| 假设4b | 隐性知识获取在企业对外直接投资广度对创新绩效的影响中起中介作用 |
| 假设4c | 隐性知识获取在企业对外直接投资速度对创新绩效的影响中起中介作用 |
| 假设5a | 组织结构有机性对企业对外直接投资深度对创新绩效的中介效应具有调节作用；即对于组织结构有机性高的企业，对外直接投资深度的加深会使其获取到更高水平的隐性知识，从而对创新绩效产生正向影响 |
| 假设5b | 组织结构有机性对企业对外直接投资广度对创新绩效的中介效应具有调节作用；即对于组织结构有机性高的企业，对外直接投资广度的增加会使其获取到更高水平的隐性知识，从而对创新绩效产生正向影响 |
| 假设5c | 组织结构有机性对企业对外直接投资速度对创新绩效的中介效应具有调节作用；即对于组织结构有机性高的企业，对外直接投资速度的加快会使其获取到更高水平的隐性知识，从而对创新绩效产生正向影响 |
| 假设6a | 母国网络关系嵌入性对企业对外直接投资深度对创新绩效的中介效应具有调节作用；即对于母国网络关系嵌入性高的企业，对外直接投资深度的加深会使其获取到更高水平的隐性知识，从而对创新绩效产生正向影响 |
| 假设6b | 母国网络关系嵌入性对企业对外直接投资广度对创新绩效的中介效应具有调节作用；即对于母国网络关系嵌入性高的企业，对外直接投资广度的增加会使其获取到更高水平的隐性知识，从而对创新绩效产生正向影响 |
| 假设6c | 母国网络关系嵌入性对企业对外直接投资速度对创新绩效的中介效应具有调节作用；即对于母国网络关系嵌入性高的企业，对外直接投资速度的加快会使其获取到更高水平的隐性知识，从而对创新绩效产生正向影响 |

# 第五章

# 对外直接投资对创新绩效
# 影响的实证检验

通过阅读相关文献，初步确定测量量表。先进行小规模问卷预测试，小规模问卷预测试后，根据预测试数据所得到的信度和效度分析结果进行调整，形成信度和效度可以接受的用于大样本的最终问卷。

## 5.1 核心变量的测度及样本测试

### 5.1.1 核心变量的测度

本书所需测量的变量包括对外直接投资深度、对外直接投资广度、对外直接投资速度、隐性知识获取、创新绩效、组织结构有机性和母国网络关系嵌入性。在设计变量的衡量指标过程中，参考以往国内外学者提出的成熟量表，结合自己的研究问题问卷。本研究的所有量表采用 Likert 5 点量表对变量题项进行打分。

**1. 解释变量**

由于对外直接投资是国际化模式重要组成部分之一，而近年来的国际化发展以对外直接投资的显著增长为特征，因此本书借鉴度量国际化的指标来设计度量对外直接投资战略的指标。

通常，测度国际化深度的指标包括境外子公司销售额占总销售额的比重（SSTS）、境外子公司经营收入占总收入的比重（SRTR）、境外子公司资产占总资产的比重（SATA）、境外子公司雇员占总雇员的比重（SETE）等。衡量对外直接投资广度的指标通常包括境外子公司数量（SOS）、境外子公司分布国家或地区数量（SCOS）、境外子公司数量占所有子公司的比重（SCTC）以及基于子公司数的赫芬德尔指数（Herfindahl Index）或熵值指标。上述是单一指标衡量法，联合国贸易和发展会议（UNCTAD）发表的《2000 年世界投资报告》则用多维度复合指标衡量法，采用境外子公司资产占总资产的比重（SATA）、境外子公司销售额占总销售额的比重（SSTS）和境外子公司员工占总员工比重（SETE）三个指标的平均值作为衡量企业国际化经营程度的指标。

根据已有文献，本书选择对外直接投资企业的境外子公司销售额占总销售额的比重（OSTS）、境外子公司雇员占总雇员的比重（OETE）、境外子公司资产占总资产的比重（OATA）作为对外直接投资深度的测量指标。对外直接投资广度是企业境外经营市场的广泛程度，对其进行衡量时，本书除了考虑境外经营涉及国家或地区的数量（OCOS）、境外分支机构占全部分支机构的比重（OSTS）外，还考虑了心理距离。境外子公司所在的东道国与母国在文化、体制建设、经济管理水平等方面的背离程度被称为与母国心理距离。企业通常会先选择心理距离近的国家或地区进行投资，再向心理距离远的国家或地区转移。借鉴吴航（2014）采用的指标，本书还考虑了用心理距离对企业对外直接投资广度进行测算。在理论层面心理距离涵盖的因素较多，但为了保证实证效果以及数据有效，选用文化距离（CD）代替心理距离。使用 Gupta 和 Govindarajan（2002）提出的文化簇模型，按照语言差异、地理位置、宗教、存续历史四个标准将 61 个国家或地区进行簇分，共有 10 个簇可以选择，同属 1 簇的国家或地区也要按照标准进行分值落实、统计评定和排序。10 个簇的总分为 55。文化距离＝企业境外投资涉及的第 i 个区域的分值/55。对外直接投资速度包括对外直接投资进入速度、对外直接投资进入后速度和境外市场分散速度。本书采用企业成立至第一次进行对外直接投资的时间来衡量企业对外直接投资进入速度，将境外子公司数量与进行对外直接投资年限的比值作为企业对外直接投资进入后速度的替代指标，将企业最近一次投资的国家或地区数量作为企业境外市场分散速度。

初步形成的对外直接投资的测量指标体系如表 5.1 所示。

表 5.1　对外直接投资的测量量表

| 变量 | 维度 | 题项 |
|---|---|---|
| 对外直接投资 | 对外直接投资深度 | 境外子公司资产占总资产的比重（OATA） |
| | | 境外子公司雇员占总雇员的比重（OETE） |
| | | 境外子公司销售额占总销售额的比重（OSTS） |
| | 对外直接投资广度 | 境外经营涉及国家或地区的数量（OCOS） |
| | | 文化距离（CD） |
| | | 境外分支机构占全部分支机构的比重（OSTS） |
| | 对外直接投资速度 | 企业成立至第一次进行对外直接投资的时间 |
| | | 境外子公司数量与进行对外直接投资年限的比值 |
| | | 企业最近一次投资的国家或地区数量 |

**2. 被解释变量**

对于创新绩效的衡量，有很多学者采用了专利的申请量（Iwasa

and Odagiri, 2004）。以往的研究表明，专利是有效衡量企业竞争力与技术水平的指标（Pegels and Thirumurthy, 2002）。然而企业层面，特别是中国企业的具体专利引用数据并不容易获得。因此，国内外学者还从其他角度来衡量企业创新绩效。Damanpour 等（2010）将新产品、市场、服务、经营和管理过程以及与系统有关的新想法和行为作为创新绩效的衡量指标。采用研发支出密度替代组织创新的投入也被学者们广泛用来衡量创新绩效（Hitt et al. , 1991; Aghion et al. , 2011）。本书提到，进行对外直接投资能够为企业的管理思想和方法提供有价值的知识和信息，在技术和管理两个层面上改善和提高企业的创新绩效。因此，本书的创新绩效量表借鉴了前人成熟的量表，既包括对技术层面创新的衡量也包括对管理层面创新的衡量（Ritter and Walter, 2003; 糜军, 2010），企业创新绩效衡量具体指标见表5.2。

**表 5.2　创新绩效的测量量表**

| 变量 | 题项 |
| --- | --- |
| 创新绩效 | 企业开展对外直接投资后，企业新产品明显增加 |
| | 企业开展对外直接投资后，企业产品和服务的改进与创新有更好的市场反应 |
| | 企业开展对外直接投资后，企业的生产设备更加先进 |
| | 企业开展对外直接投资后，企业的工艺流程更加先进 |
| | 企业开展对外直接投资后，采取更多可以改善绩效的新政策 |
| | 企业开展对外直接投资后，更倾向于尝试不同的管理流程加速实现目标 |

### 3. 中介变量

依据本书前述部分的理论阐述，隐性知识是个体专注于某个行业，在长期实践过程中结合自身特点积累的工作经验和知识技术，且隐性知识融入个体的工作行为、思想中，具有较为鲜明的个人色彩。在隐性知识获取途径方面，结合 Yli-Renko 等（2010）、郭立强（2013）的研究，本书认为隐性知识获取主要是通过企业生产与社会经济关系构建过程接触外部成员，例如企业商业合作者、竞争对手、忠实消费者、政府、科研人才等，伴随企业生产经营销售等不同环节。本书考察的隐性知识是企业从境外环境获得的，借鉴上述学者的研究，本书隐性知识获取的测量量表如表 5.3 所示。

表 5.3 隐性知识获取的测量量表

| 变量 | 题项 | 参考来源 |
|---|---|---|
| 隐性知识获取 | 企业通过与境外人员交流和互动，获得与技术改进相关的信息 | Nonaka（1991）范钧等（2014）糜军（2010）王天力（2013）Yli-Renko 等（2010）郭立强（2013）彭辉锐（2014） |
| | 企业通过与境外人员交流和互动，获得与企业管理相关的经验 | |
| | 企业通过与境外人员交流和互动，获得与市场拓展相关的观点 | |
| | 企业通过与境外人员交流和互动，获得与产品服务开发相关的观点 | |
| | 企业通过与境外人员交流和互动，获得与市场营销相关的技能 | |

**4. 调节变量**

有机的组织结构促进组织间、部门间的合作和知识流动，有助于加强跨部门的交流合作以及横向联系。有机的组织结构特征是扁平化结构（组织中层级少）、决策鸿沟小以及员工的多功能性，扁平化结构使不同层级间的沟通变得更容易（Huang et al.，2010）。本书参考 Huang 等（2010）以及汪涛等（2018）的研究，将组织结构有机性划分为扁平化程度、去中心化程度、员工的多职能性三个维度。这三个维度分别衡量组织中管理层级的多少（管理层级越少，组织结构越偏向扁平化）、组织成员能够自主决策的程度以及组织成员工作任务是否多样化（如果一个组织成员可以兼任多项职务，就会提高其应对多变环境的灵活能力）。由此得到组织结构有机性的测量量表，见表 5.4。

表5.4　组织结构有机性的测量量表

| 变量 | 题项 | 参考来源 |
|---|---|---|
| 组织结构有机性 | 企业组织机构的管理层级数量少 | Huang 等（2010）汪涛等（2018） |
| | 企业内部进行决策时，一般需要由最高层级组织机构审批 | |
| | 企业内部组织机构的职能呈现多样性，非单一性 | |

根据前文所述，本书将采用信任、信息共享以及共同解决问题三个维度对母国网络关系嵌入性进行度量。基于国内外学者对信任、信息共享和共同解决问题的定义与维度划分，以及国内学者章威（2009）的测度题项，本书用表5.5的题项测度母国网络关系嵌入性的三个维度。

表5.5　母国网络关系嵌入性的测量量表

| 变量 | 维度 | 题项 |
|---|---|---|
| 母国网络关系嵌入性 | 信任 | 母国合作伙伴与贵公司在商谈时都能做到实事求是 |
| | | 母国合作伙伴与贵公司都能信守承诺 |
| | | 母国合作伙伴没有误导本企业的行为 |
| | | 母国合作伙伴不会利用贵公司的弱点来获取不当利益 |
| | 信息共享 | 母国合作伙伴与贵公司信息交换频繁，而非局限于既定的协议 |
| | | 母国合作伙伴与贵公司相互提醒可能存在的问题和变化 |
| | | 母国合作伙伴与贵公司尽可能地相互提供所需的信息 |
| | | 母国合作伙伴与贵公司能分享其未来的发展计划 |
| | 共同解决问题 | 母国合作伙伴与贵公司能共同负责完成任务 |
| | | 母国合作伙伴与贵公司能互相帮助来解决合作中遇到的实际问题 |
| | | 母国合作伙伴与贵公司能够协作克服困难 |

**5. 控制变量**

研究表明，企业规模对企业创新绩效有一定影响。由于统计企业内部所有在职人员数量具有直接指向性和客观性，因此将企业规模的评价指标设定为企业在职人数。通常情况下，企业经营的时间越长，其资源积累和生产经验优势越突出，创新绩效越高。前文提到，有学者将 R&D 强度作为创新绩效的替代变量（Aghion el al.，2011）。企业所属行业对创新绩效可以产生一定影响，有些行业比其他行业更容易取得创新和进步。学者们普遍认为，企业所有制会影响管理层对技术创新的决策，往往将所有制按国有和私营进行划分（薛琰如等，2016）。因此本书采取上述变量作为控制变量。

本书引入几个控制变量，分别是企业规模、企业成立时间、研发占比、企业所属行业、企业所有制。企业规模通过问卷获得，单位为人；企业成立时间是用 2018 年减去问卷中获得的成立年份；研发占比由问卷获得，单位为%。企业所属行业：1＝传统制造业，2＝高新技术制造业，3＝其他行业。由于它是分类变量，构建三个哑变量：是否传统制造业（是＝1，否＝0），是否高新技术制造业（是＝1，否＝0），其他行业（是＝1，否＝0）。企业所有制也是分类变量，即 1＝国企，2＝私企，3＝其他所有制企业，因此构建三个哑变量：是否国企（是＝1，否＝0），是否私企（是＝1，否＝0），其他所有制企业（是＝1，否＝0）。此外，由于在东道国获得的显性知识对创新绩效的影响十分重要且直接，因此考虑将显性知识作为控制变量，通过问卷方式获取。

### 5.1.2 问卷的小样本预测试

为确保正式问卷量表的信度和效度，需要对问卷进行预测试，对初始量表的信度和效度进行初步检验。针对现有量表，与该领域的专家学者进行讨论，确定初始问卷。谨慎起见，先选取对象进行小样本预测试。

小样本数据调研活动选取了 MBA 的学生进行小样本预测试，在老师的帮助下问卷发放对象为跨国公司的技术主管或中高层管理人员，因而调查对象与本研究相关性很高。高校的 MBA 学生具有丰富的工作经验，且大都是企业的中高层管理人员，对企业的战略了解透彻，由他们来填写问卷，可以保证问卷数据的质量。被调查的企业集中分布在机械制造、信息通信和纺织化工等行业。在以上行业中选取部分企业作为调研对象，要求企业间的经济水平、管理体制、技术能力的差距不影响样本分析结果。共发放调查问卷 129 份，问卷收回数量是 99 份，经有效信息筛选工作，实际可用问卷数量为 83 份，可用问卷的回收率为 64.3%。

基于调研数据进行小样本信度分析。

**1. 对外直接投资的信度分析**

结合 CITC 法和 α 信度系数法，对对外直接投资深度、对外直接投资广度以及对外直接投资速度的量表进行信度检验，具体结果如表 5.6 所示。题项 CITC 系数及 Cronbach'α 值均大于研究使用的标准（0.35，0.7），表示该变量整体一致性程度较高。因此，所有题项都可用于进行大样本调查。

表 5.6　对外直接投资的信度检验

| 变量 | 题项 | CITC | 删除该题项后的 Cronbach'α | 检验结果 | Cronbach'α |
|---|---|---|---|---|---|
| 对外直接投资深度 | 境外子公司资产占总资产的比重（OATA） | 0.661 | 0.812 | 通过检验 | 0.833 |
| | 境外子公司雇员占总雇员的比重（OETE） | 0.603 | 0.829 | 通过检验 | |
| | 境外子公司销售额占总销售额的比重（OSTS） | 0.622 | 0.810 | 通过检验 | |

| 变量 | 题项 | CITC | 删除该题项后的 Cronbach'α | 检验结果 | Cronbach'α |
|---|---|---|---|---|---|
| 对外直接投资广度 | 境外经营涉及国家或地区的数量（OCOS） | 0.641 | 0.842 | 通过检验 | 0.861 |
| | 文化距离（CD） | 0.691 | 0.852 | 通过检验 | |
| | 境外分支机构占全部分支机构的比重（OSTS） | 0.627 | 0.849 | 通过检验 | |
| 对外直接投资速度 | 企业成立至第一次进行对外直接投资的时间 | 0.654 | 0.818 | 通过检验 | 0.829 |
| | 境外子公司数量与进行对外直接投资年限的比值 | 0.612 | 0.824 | 通过检验 | |
| | 企业最近一次投资的国家或地区数量 | 0.632 | 0.826 | 通过检验 | |

## 2. 隐性知识获取的信度分析

隐性知识获取的信度检验，具体结果如表 5.7 所示。题项 CITC 系

表 5.7　隐性知识获取的信度检验

| 题项 | CITC | 删除该题项后的 Cronbach'α | 检验结果 | Cronbach'α |
|---|---|---|---|---|
| 企业通过与境外人员交流和互动，获得与技术改进相关的信息 | 0.649 | 0.876 | 通过检验 | 0.883 |
| 企业通过与境外人员交流和互动，获得与企业管理相关的经验 | 0.611 | 0.865 | 通过检验 | |
| 企业通过与境外人员交流和互动，获得与市场拓展相关的观点 | 0.675 | 0.871 | 通过检验 | |
| 企业通过与境外人员交流和互动，获得与产品服务开发相关的观点 | 0.687 | 0.869 | 通过检验 | |
| 企业通过与境外人员交流和互动，获得与市场营销相关的技能 | 0.642 | 0.880 | 通过检验 | |

数及 Cronbach'α 值均大于研究使用的标准，表示该变量整体一致性程度较高。因此，所有题项都可用于进行大样本调查。

### 3. 创新绩效的信度分析

用同样的方法对创新绩效量表进行信度检验，结果如表 5.8 所示。题项 CITC 系数及 Cronbach'α 值均大于研究使用的标准，说明量表信度较好，并显示该变量整体一致性程度较高，也符合要求。因此，所有题项可用于进行大样本调查。

表 5.8　创新绩效的信度检验

| 题项 | CITC | 删除该题项后的 Cronbach'α | 检验结果 | Cronbach'α |
|---|---|---|---|---|
| 企业开展对外直接投资后，企业新产品明显增加 | 0.626 | 0.810 | 通过检验 | |
| 企业开展对外直接投资后，企业产品和服务的改进与创新有更好的市场反应 | 0.681 | 0.802 | 通过检验 | |
| 企业开展对外直接投资后，企业的生产设备更加先进 | 0.623 | 0.804 | 通过检验 | 0.819 |
| 企业开展对外直接投资后，企业的工艺流程更加先进 | 0.689 | 0.803 | 通过检验 | |
| 企业开展对外直接投资后，采取更多可以改善绩效的新政策 | 0.797 | 0.815 | 通过检验 | |
| 企业开展对外直接投资后，更倾向于尝试不同的管理流程加速实现目标 | 0.707 | 0.809 | 通过检验 | |

类似地，本书对组织结构有机性和母国网络关系嵌入性的量表都进行了信度分析，结果显示所有的题项均可进行大样本调查。本书对小样本的所有变量进行了验证性因子分析。所有变量均通过了显著性检验，证明对所有变量的检测是有效的。

### 5.1.3　问卷的大样本选择

小样本预测试后，本书先对问卷调查获取的大样本数据检验量表进行信度与效度检验。之后，采用相关分析、结构方程模型及多元回归分析对搜集的大样本数据进行分析处理，检验本研究所提出的研究假设，所使用的分析软件为 R。

本研究主要向满足以下三个条件的企业发放问卷：①母公司在中国境内的企业；②中资控股，包含国有独资企业、国有控股企业、集体所有制企业和私营企业这四类企业，由于合资企业可能受到投资方决策影响，因此本书暂不考虑这类企业；③企业必须有对外直接投资行为，例如境外并购、绿地投资，在境外有子公司或分支机构。同时，考虑到企业在"避税天堂"开设子公司或分支机构的战略意图是避税，并没有实质意义上的商务运营，所以本研究剔除了"避税天堂"。

本研究在问卷调查中选取中国跨国企业母公司的中高层管理者作为问卷填写人。由于本研究变量包括母公司的对外直接投资、创新绩效、隐性知识获取等，涉及跨国企业对外直接投资战略层面，考虑到中高层管理者对企业对外直接投资战略有着深入的了解和深刻的理解，因此本研究选取中高层管理者作为问卷调查对象。

### 5.1.4　大样本数据搜集

问卷的发放和回收主要采取三种形式。第一种是向进行访谈的案例企业发放调查问卷，共发放问卷 40 份，回收 33 份，有效问卷 28 份。并且通过案例企业管理者的跨国公司人际关系网，发放电子版问卷共 40 份，回收 28 份，有效问卷 23 份。第二种是向 MBA 同学发放问卷 170 份，回收 135 份，有效问卷 119 份。《2017 年度中国对外直接投资统计公报》指出，到 2017 年末，在大型并购和增资项目的拉动下，中央企业和单位对外投资 532.7 亿美元。其中，上海、广东、浙江、山东和北京是对外直接投资流量排名前 5 的省份，累计对外直接投资存量占总存量的 57.9%，在这些地区发放问卷得到的结果能够较准确地反映中国企业对外投资实际情况。在学院 MBA 校友的支持配合下，请已经毕业的 MBA 同学通过邮件填写调查问卷。另外，利用导师及课题组成员的社会关系，还找到了上海财经大学、中山大学、山东大学的 MBA 工作人员，通过他们请 MBA 同学填写问卷。在调查问卷邮件中我们会提醒问卷填写人，如果对企业境外业务不熟悉可以不用填写。第三种是借助微信（跨国公司高管群）向跨国公司管理层发放问卷 70 份，回收 58 份，有效问卷 45 份。综上，利用三种方式共发放问卷 320 份，回收问卷 254 份，其中有效问卷 215 份，有效问卷回收率为 67.2%（见表 5.9）。

表 5.9　问卷发放及回放

单位：份，%

| 问卷发放 | 发放数量 | 回收数量 | 回收率 | 有效数量 | 有效问卷回收率 |
|---|---|---|---|---|---|
| 向案例企业及周边发放问卷 | 80 | 61 | 76.3 | 51 | 63.8 |
| 向 MBA 同学发放问卷 | 170 | 135 | 79.4 | 119 | 70.0 |
| 通过跨国公司高管群发放问卷 | 70 | 58 | 82.9 | 45 | 64.3 |
| 合计 | 320 | 254 | 79.4 | 215 | 67.2 |

### 5.1.5　大样本数据描述性统计

本书问卷调查的企业主要分布在机械制造、信息通信以及纺织化工行业。用企业人员数量表示企业规模，在研究的问卷中，员工人数为

300～1000 人的企业约有 15%，员工人数为 1001～5000 人的企业有大概 30%，约有 55% 企业的员工人数在 5000 人以上，说明本研究的调研对象集中于较大规模的跨国企业。国企占比 40%、私企占比 60%。高层管理者占比约 35%，中层管理者占比约 65%。具体样本数据的分布情况如表 5.10 所示。

**表 5.10　样本性质的分布统计**

| 统计内容 | 类别 | 频次 | 百分比（%） | 统计内容 | 类别 | 频次 | 百分比（%） |
|---|---|---|---|---|---|---|---|
| 企业成立时间 | 1～15 年 | 72 | 33.5 | 行业分布 | 机械制造 | 110 | 51.2 |
| | 16～31 年 | 143 | 66.5 | | 信息通信 | 78 | 36.3 |
| 企业规模 | 5000 人以上 | 118 | 54.9 | | 纺织化工 | 27 | 12.6 |
| | 1001～5000 人 | 65 | 30.2 | 母公司所在地 | 北京市 | 54 | 25.1 |
| | 300～1000 人 | 32 | 14.9 | | 辽宁省 | 45 | 20.9 |
| 受访者构成 | 高层管理者 | 75 | 34.9 | | 广东省 | 43 | 20.0 |
| | 中层管理者 | 140 | 65.1 | | 上海市 | 40 | 18.6 |
| 企业所有制 | 国企 | 86 | 40 | | 其他 | 33 | 15.3 |
| | 私企 | 129 | 60 | | | | |

本书调查的样本中，企业平均成立年限是 19 年左右，第一次进入东道国的平均时间是 10 年左右，这些公司的子公司主要分布在美国、欧洲和日本。历年《中国对外直接投资统计公报》显示，中国企业开始快速开展对外直接投资的转折点在 2010 年前后，也就是说，跨国公司的境外子公司成立时间是 10 年左右。本书搜集的企业境外子公司成立时间这一数据与事实相符。

## 5.1.6　大样本数据的信度和效度分析

在对所提出的研究假设进行大样本数据检验之前，需要再次对大样本数据的信度和效度进行检验分析，以确定变量测量的可靠性。

α信度系数法是最常用的信度分析方法，α信度系数越大，变量内部一致性越强。检验结果显示，各个量表的信度均在0.7以上（见表5.11），达到了量表的信度要求，符合研究要求。

表5.11　问卷分量表信度系数汇总

| 变量 | 题项数目（个） | 量表的 Cronbach'α 系数 |
|---|---|---|
| 对外直接投资深度 | 3 | 0.814 |
| 对外直接投资广度 | 3 | 0.809 |
| 对外直接投资速度 | 3 | 0.816 |
| 隐性知识获取 | 5 | 0.829 |
| 创新绩效 | 6 | 0.871 |
| 组织结构有机性 | 3 | 0.875 |
| 母国网络关系嵌入性 | 11 | 0.863 |

对研究所用量表进行信度检验后，还要进行效度检验。在信度分析后，对对外直接投资深度进行验证性因子分析。拟合结果表明，$\chi^2/df = 2.96$，小于3，NFI = 0.943，CFI = 0.954，均大于0.9，RMSEA 为 0.082，小于0.09，均在 $p < 0.001$ 的水平上通过了显著性检验。对对外直接投资广度进行验证性因子分析，$\chi^2/df = 2.96$，小于3，NFI = 0.989，CFI = 0.949，均大于0.9，RMSEA 为 0.081，小于0.1，这说明对对外直接投资广度的测度是有效的。对外直接投资速度也通过了显著性检验。因子结构通过了验证，说明本研究对对外直接投资各维度的测度是有效的。对隐性知识获取进行验证性因子分析。拟合结果表明，$\chi^2/df = 2.94$，小于3，NFI = 0.992，CFI = 0.951，均大于0.9，RMSEA 为 0.084，小于0.1。因此，该模型拟合效果良好，说明本研

究对隐性知识获取的测度是有效的。对创新绩效进行验证性因子分析。拟合结果表明，$\chi^2/df = 2.81$，小于 3，NFI = 0.952，CFI = 0.967，均大于 0.9，RMSEA 为 0.091，小于 0.1，这说明对创新绩效的测度是有效的。对组织结构有机性与母国网络关系嵌入性进行验证性因子分析，结果表明对这两个变量的测度也是有效的。

## 5.2　隐性知识获取的中介效应检验

——基于结构方程模型的检验

### 5.2.1　变量处理

为衡量对外直接投资（对外直接投资深度、对外直接投资广度、对外直接投资速度）、隐性知识获取、组织结构有机性、母国网络关系嵌入性与创新绩效的关系，观察七个维度变量间的两两相关性。采用因子分析的方法对变量进行预处理（由于简单地求均值的方法存在多重共线性问题，因此采用因子分析法，具体处理过程见附录），对于一个变量有三个小指标并且量纲不一致的情况要进行标准化处理。例如对外直接投资深度指标，对每个小指标进行标准化处理，将其变成 0 ~ 1 的值：公式 $New\_x = [x - \min(x)]/[\max(x) - \min(x)]$；$Depth = 1/3(New\_x1 + New\_x2 + New\_x3)$。得到三个标准化处理值后，对其取均值，即得到对外直接投资深度的指标。对解释变量进行方差膨胀因子检验，所有变量 VIP 值均小于 10，不存在严重的多重共线性问题。各变量之间的相关性如表 5.12 所示（用基于因子分析得到的因子得分代表相关性）。

表 5.12　变量之间的相关性

| 变量 | 创新绩效 | 隐性知识获取 | OFDI深度 | OFDI广度 | OFDI速度 | 组织结构有机性 | 母国网络关系嵌入性 |
|---|---|---|---|---|---|---|---|
| 创新绩效 | 1 | 0.69** | 0.57** | 0.47** | -0.04 | 0.55** | 0.53** |
| 隐性知识获取 | | 1 | 0.4** | 0.30** | 0.01 | 0.48** | 0.42** |
| OFDI深度 | | | 1 | 0.32** | 0.11 | 0.40** | 0.44** |
| OFDI广度 | | | | 1 | 0.07** | 0.20** | 0.27* |
| OFDI速度 | | | | | 1 | 0.05 | -0.02 |
| 组织结构有机性 | | | | | | 1 | 0.45 |
| 母国网络关系嵌入性 | | | | | | | 1 |

注：***代表0.001以下显著；**代表0.01以下显著；*代表0.05以下显著。

变量的描述统计如表5.13所示。

表 5.13　变量的描述统计

| 变量 | 平均值 | 标准差 | 中位数 | 最小值 | 最大值 |
|---|---|---|---|---|---|
| 创新绩效 | 0 | 0.4 | 0.02 | -0.9 | 0.68 |
| 隐性知识获取 | 0 | 1 | 0.02 | -2.27 | 1.2 |
| 显性知识 | 2.78 | 0.92 | 3 | 2 | 5 |
| OFDI深度 | 0 | 1 | 0 | -1.29 | 3.09 |
| OFDI广度 | 0 | 0.99 | -0.24 | -0.86 | 4.62 |
| OFDI速度 | 0 | 1 | 0.07 | -2.41 | 1.98 |
| 组织结构有机性 | 0 | 0.83 | 0 | -2.23 | 1.73 |
| 母国网络关系嵌入性 | 0 | 0.27 | -0.06 | -0.83 | 0.71 |
| 企业成立时间 | 19.28 | 5.44 | 19 | 6 | 31 |
| 企业规模 | 7419.28 | 12370.3 | 3450 | 100 | 60000 |
| 研发占比 | 0.13 | 0.1 | 0.1 | 0.02 | 0.45 |
| 传统制造业 | 0.26 | 0.44 | 0 | 0 | 1 |

| 变量 | 平均值 | 标准差 | 中位数 | 最小值 | 最大值 |
|---|---|---|---|---|---|
| 高新技术制造业 | 0.46 | 0.5 | 0 | 0 | 1 |
| 其他行业 | 0.28 | 0.45 | 0 | 0 | 1 |
| 国企 | 0.16 | 0.37 | 0 | 0 | 1 |
| 私企 | 0.31 | 0.46 | 0 | 0 | 1 |
| 其他所有制企业 | 0.15 | 0.36 | 0 | 0 | 1 |

## 5.2.2　结构方程模型回归结果

本研究利用 R 软件对结构方程模型进行测量并检验中介效应的存在，同时采用多元线性回归方法进行整体假设的检验。由于隐性知识获取的中介效应是亟须验证的问题，因此先采用 R 中的 lavaan 包进行结构方程模型估计，检验中介效应是否存在。这一部分重点考查隐性知识获取的中介效应，整体假设回归检验在下一部分进行。具体关系如图 5.1 所示。

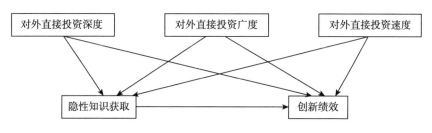

**图 5.1　中介效应关系**

结构方程模型的回归结果如表 5.14 所示。结构方程模型的 p 值为 0.032，因此模型结果整体是显著的。模型结果包括：①对外直接投资深度、对外直接投资广度、对外直接投资速度对隐性知识获取有正向影响（假设 2）；②对外直接投资深度、对外直接投资广度、对外直接投资速度和隐性知识获取对创新绩效有正向影响（假设 1 和假设 3）。其中变量右侧的编号（a1，a2，…，d8）是自定义编号，以便于论述变量之间的关系。

表 5.14　结构方程模型的检验结果（1）

| 变量 | Estimate | Std. Err | z-value | p（＞｜z｜） |
|---|---|---|---|---|
| 隐性知识获取 | | | | |
| 对外直接投资深度（a1） | 0.346 *** | 0.095 | 3.645 | 0.000 |
| 对外直接投资广度（a2） | 0.194 * | 0.095 | 2.037 | 0.042 |
| 对外直接投资速度（a3） | 0.06 | 0.091 | 0.665 | 0.506 |
| 创新绩效 | | | | |
| 隐性知识获取（b） | 0.187 *** | 0.025 | 7.389 | 0.000 |
| 对外直接投资深度（c1） | 0.114 *** | 0.027 | 4.281 | 0.000 |
| 对外直接投资广度（c2） | 0.08 *** | 0.028 | 2.892 | 0.004 |
| 对外直接投资速度（c3） | 0.049 | 0.045 | 1.094 | 0.274 |
| 企业成立时间（d1） | 0.007 | 0.008 | 0.793 | 0.428 |
| 企业规模（d2） | 0.001 * | 0 | 2.282 | 0.022 |
| 研发占比（d3） | 0.408 | 0.262 | 1.561 | 0.118 |
| 企业所属行业：（传统制造业是参照组） | | | | |
| 高新技术制造业（d4） | 0.051 | 0.058 | 0.872 | 0.383 |
| 其他行业（d5） | 0.036 | 0.064 | 0.562 | 0.574 |
| 企业所有制：（国企是参照组） | | | | |
| 私企（d6） | − 0.05 | 0.075 | − 0.673 | 0.501 |
| 其他所有制企业（d7） | 0.153 | 0.087 | 1.762 | 0.078 |
| 显性知识（d8） | 0.154 *** | 0.027 | 5.667 | 0.000 |

注：＊＊＊代表 0.001 以下显著；＊＊代表 0.01 以下显著；＊代表 0.05 以下显著。

通过模型的第一部分，即对外直接投资深度、对外直接投资广度和对外直接投资速度对隐性知识获取的影响可以看到，对外直接投资深度的 z 值为 3.645，对应的 p 值为 0.000，因此认为对外直接投资深度对隐性知识获取存在显著的正向影响。即企业对外直接投资深度越高，则企业获得的境外隐性知识也会相应越多，假设 2a 成立。对外直接投资广度的 z 值为 2.037，对应的 p 值为 0.042，因此认为对外直接投资广度对隐性知识获取存在显著的正向影响。即企业对外直接投资广度越高，则企业获得的境外隐性知识也会相应越多，假设 2b 成立。对外直接投资速度对隐性知识获取的回归结果不显著（$p > 0.05$），说明对外直接投资速度对隐性知识获取没有显著影响，假设 2c 没有通过检验。综合上述分析，认为假设 2a、假设 2b 成立，假设 2c 不成立。

通过模型的第二部分，即创新绩效的影响因素分析可以发现，隐性知识获取的 z 值为 7.389，对应的 p 值为 0.000，因此认为隐性知识获取对创新绩效存在显著的正向影响。即企业的隐性知识获取越多，创新绩效也会越高，假设 3 成立。对外直接投资深度的 z 值为 4.281，对应的 p 值为 0.000，因此认为对外直接投资深度对创新绩效存在显著的正向影响。即对外直接投资深度越高，创新绩效也会越高，假设 1a 成立。对外直接投资广度的 z 值为 2.892，对应的 p 值为 0.004，因此认为对外直接投资广度对创新绩效存在显著的正向影响。即对外直接投资广度越高，创新绩效也会越高，假设 1b 成立。对外直接投资速度的 z 值为 1.094，对应的 p 值为 0.274，因此认为对外直接投资速度对创新绩效不存在显著的正向影响。即对外直接投资速度加快不能使创新绩效提高，假设 1c 不成立。

对于企业所属行业和企业所有制两大指标，由于它们是分类变量，因此将其转变为哑变量组放进模型中。其中，企业所属行业的参照组为传统制造业，分析高新技术制造业变量和其他行业变量，发现 p 值均大于 0.05。因此认为企业所属行业对公司的创新绩效没有显著影响。同样，企业所有制方面以国企为参照组，发现私企和其他所有制企业对应的 p 值均大于 0.05，这些企业对创新绩效的影响与国企无异。研发占比对创新绩效影响也不显著，其原因在第六章进行分析。

验证隐性知识获取的中介效应，并得到对外直接投资三个指标对创新绩效影响的直接效应和间接效应，检验结果如表 5.15 所示。

表 5.15　结构方程模型的检验结果（2）

| 变量 | Estimate | Std. Err | z-value | p( > ｜z｜ ) |
|------|----------|----------|---------|-------------|
| 对外直接投资深度的直接效应 c1 | 0.346*** | 0.095 | 3.645 | 0.000 |
| 对外直接投资广度的直接效应 c2 | 0.194* | 0.095 | 2.037 | 0.042 |
| 对外直接投资速度的直接效应 c3 | 0.06 | 0.09 | 0.665 | 0.506 |
| 对外直接投资深度的间接效应 a1×b | 0.065*** | 0.02 | 3.269 | 0.001 |
| 对外直接投资广度的间接效应 a2×b | 0.036* | 0.019 | 1.964 | 0.05 |
| 对外直接投资速度的间接效应 a3×b | 0.011 | 0.017 | 0.663 | 0.508 |
| 对外直接投资深度的总效应 c1+a1×b | 0.179*** | 0.031 | 5.805 | 0.000 |
| 对外直接投资广度的总效应 c2+a2×b | 0.116*** | 0.032 | 3.575 | 0.000 |
| 对外直接投资速度的总效应 c3+a3×b | 0.061 | 0.048 | 1.258 | 0.208 |

注：***代表 0.001 以下显著；**代表 0.01 以下显著；*代表 0.05 以下显著。

通过上述回归结果可以知道，隐性知识获取在对外直接投资深度和对外直接投资广度对创新绩效的影响上存在中介效应，假设 4a 和假设 4b 通过检验。对外直接投资深度和对外直接投资广度会通过影响隐性知识获取进一步影响创新绩效。而隐性知识获取在对外直接投资速度对创新绩效的影响上不存在中介效应。通过表 5.15 的回归结果可以看到，a3×b 值对应的 p 值为 0.508，大于 0.05，因此在对外直接投资速度对创新绩效的影响上，隐性知识获取的中介效应并不存在，假设

4c 没有通过检验。另外，通过表 5.15 的最后三行我们可以发现，整体来说，对外直接投资深度和对外直接投资广度会对创新绩效产生显著的正向影响，而对外直接投资速度并没有对创新绩效产生显著影响。因此可以得到结论：假设 4a、假设 4b 成立，假设 4c 不成立。

## 5.3　含交互项的回归模型组结果：加入组织结构有机性

在发现隐性知识获取对创新绩效存在正向影响的基础上，需进一步分析组织结构有机性以及母国网络关系嵌入性是否会对这种影响起到调节作用。针对组织结构有机性能否起到前向调节作用，参照 Hayes 总结的关于有调节的中介变量的具体测算方法（Hayes，2013），通过依次检验有调节的中介模型进行检验。这种测算方法同时对中介效应和调节作用进行检验，因此相当于是对上一节的中介效应进行了稳健性检验，具体分为三个步骤。

（1）第一步，估计调节变量（组织结构有机性）对自变量（对外直接投资深度、对外直接投资广度、对外直接投资速度）与因变量（创新绩效）关系的调节作用，因变量为 $Y$，自变量为 $X$，调节变量为 $U$，观察自变量的系数是否显著（检验总效应是否显著），同时观察调节变量与自变量的交互系数是否显著，公式如下：

$$Y = c_0 + c_1 X + c_2 U + c_3 UX + e_1 \tag{1}$$

（2）第二步，估计调节变量（组织结构有机性）对自变量（对外直接投资深度、对外直接投资广度、对外直接投资速度）与中介变量（隐性知识获取）关系的调节作用，中介变量为 $W$，观察自变量和交互项系数是否显著，公式如下：

$$W = c_0 + c_1 X + c_2 U + c_3 UX + e_2 \tag{2}$$

（3）第三步，估计调节变量（组织结构有机性）对中介变量（隐性知识获取）与因变量（创新绩效）之间关系的调节作用，以及自变量（对外直接投资深度、对外直接投资广度、对外直接投资速度）对因变量（创新绩效）残余效应的调节作用，观察中介变量系数是否显著，公式如下：

$$Y = c_0' + c_1' X + c_2' U + c_3' W + c_3 UX + e_3 \tag{3}$$

如果模型估计满足以下三个条件，则说明有调节的中介效应存在：一是式（1）中，自变量的总效应（对外直接投资对创新绩效的影响）显著；二是式（2）中，对外直接投资对隐性知识获取的影响显著，组织结构有机性对隐性知识获取有显著影响，对外直接投资与组织结构有机性的交互项对隐性知识获取影响显著；三是式（3）中，隐性知识获取对创新绩效的影响显著。将结果汇总于表5.16。

表 5.16  对外直接投资对创新绩效有调节的中介效应检验（1）

| 变量 | | 模型 1（创新绩效） | | 模型 2（隐性知识获取） | | 模型 3（创新绩效） | |
|---|---|---|---|---|---|---|---|
| | | $\beta$ | SE | $\beta$ | SE | $\beta$ | SE |
| 控制变量 | 企业成立时间 | 0.01 | 0.01 | 0.06 | 0.03 | 0.00 | 0.01 |
| | 企业规模 | 0.03 | 0.02 | 0.03 | 0.05 | 0.01 | 0.03 |
| | 研发占比 | 0.33 | 0.35 | 0.40 | 1.06 | 0.26 | 0.30 |
| | 高新技术制造业 | 0.03* | 0.02 | 0.09* | 0.04 | 0.07* | 0.03 |
| | 其他行业 | 0.07 | 0.08 | 0.16 | 0.24 | 0.04 | 0.07 |
| | 显性知识 | 0.162*** | 0.03 | 0.097 | 0.09 | 0.154*** | 0.03 |
| | 私企 | −0.12 | 0.10 | −0.28 | 0.29 | −0.07 | 0.08 |
| | 其他所有制企业 | 0.13 | 0.11 | 0.00 | 0.33 | 0.13 | 0.09 |

续表

| 变量 | | 模型1（创新绩效） | | 模型2（隐性知识获取） | | 模型3（创新绩效） | |
|---|---|---|---|---|---|---|---|
| | | $\beta$ | SE | $\beta$ | SE | $\beta$ | SE |
| 自变量 | OFDI 速度 | 0.09 | 0.06 | 0.32 | 0.17 | 0.04 | 0.05 |
| | OFDI 深度 | 0.15*** | 0.04 | 0.29* | 0.11 | 0.10** | 0.03 |
| | OFDI 广度 | 0.09** | 0.03 | 0.21* | 0.10 | 0.08* | 0.03 |
| 调节变量 | 组织结构有机性 | 0.12** | 0.04 | 0.36** | 0.11 | 0.07 | 0.04 |
| | 组织结构有机性 × OFDI 深度 | 0.08 | 0.05 | 0.25* | 0.12 | 0.11* | 0.05 |
| | 组织结构有机性 × OFDI 广度 | −0.09 | 0.05 | 0.23* | 0.11 | −0.05 | 0.05 |
| | 组织结构有机性 × OFDI 速度 | 0.00 | 0.03 | 0.00 | 0.10 | −0.01 | 0.03 |
| 中介变量 | 隐性知识获取 | | | | | 0.16*** | 0.03 |
| | $R^2$ | 0.61 | | 0.52 | | 0.69 | |

注：***代表 0.001 以下显著；**代表 0.01 以下显著；*代表 0.05 以下显著。

由表 5.16 可知，模型 1 整体显著，其中对外直接投资深度和对外直接投资广度对创新绩效影响显著（$\beta = 0.15$，$p < 0.001$；$\beta = 0.09$，$p < 0.01$），组织结构有机性对创新绩效有显著正向影响（$\beta = 0.12$，$p < 0.01$）。模型 2 中，对外直接投资深度、对外直接投资广度显著影响隐性知识获取（$\beta = 0.29$，$p < 0.05$；$\beta = 0.21$，$p < 0.05$），组织结构有机性对隐性知识获取有显著正向影响（$\beta = 0.36$，$p < 0.01$），对外直接投资深度与组织结构有机性的乘积项和对外直接投资广度与组织结构有机性的乘积项对隐性知识获取影响显著（$\beta = 0.25$，$p < 0.05$；$\beta = 0.23$，$p < 0.05$）。为了清晰地表示组织结构有机性对对外直接投资与创新绩效关系的调节作用，分别做对外直接投资深度和对外直接投

资广度的均值加减一个标准差的调节效应图（见图 5.2）。当企业的组织结构有机性高时，通过提高对外直接投资深度和对外直接投资广度会使企业获取更多的隐性知识。模型 3 的回归结果中，中介变量隐性知识获取对创新绩效有显著正向影响（$\beta = 0.16$，$p < 0.001$）。综合以上论述，对外直接投资深度与对外直接投资广度通过隐性知识获取这一中介对创新绩效的影响受到组织结构有机性的调节，因此假设 5a、假设 5b 成立，假设 5c 不成立。

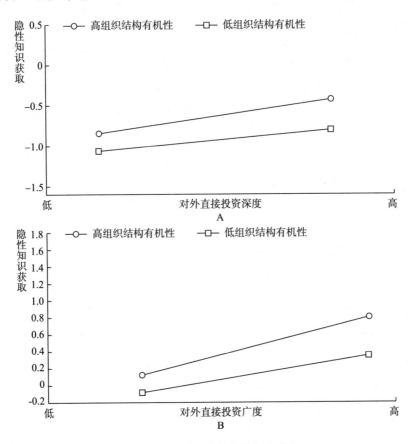

图 5.2　组织结构有机性的调节效应

# 5.4  含交互项的回归模型组结果：加入
## 母国网络关系嵌入性

类似地，为了检验母国网络关系嵌入性的调节作用，将组织结构有机性作为控制变量并重复进行上述步骤，将结果汇总于表 5.17。

表 5.17  对外直接投资对创新绩效有调节的中介效应检验（2）

| 变量 | | 模型 1（创新绩效） | | 模型 2（隐性知识获取） | | 模型 3（创新绩效） | |
|---|---|---|---|---|---|---|---|
| | | $\beta$ | SE | $\beta$ | SE | $\beta$ | SE |
| 控制变量 | 企业成立时间 | 0.02 * | 0.01 | 0.06 * | 0.03 | 0.01 | 0.01 |
| | 企业规模 | 0.03 | 0.02 | 0.04 | 0.07 | 0.04 | 0.06 |
| | 研发占比 | 0.30 | 0.36 | 0.22 | 1.23 | 0.26 | 0.32 |
| | 高新技术制造业 | 0.09 * | 0.04 | 0.08 * | 0.03 | 0.10 ** | 0.03 |
| | 其他行业 | 0.06 | 0.07 | 0.17 | 0.24 | 0.04 | 0.06 |
| | 显性知识 | 0.15 *** | 0.03 | 0.073 | 0.10 | 0.143 *** | 0.03 |
| | 私企 | − 0.18 * | 0.09 | − 0.49 | 0.30 | − 0.11 | 0.08 |
| | 其他所有制企业 | 0.08 | 0.10 | − 0.12 | 0.34 | 0.10 | 0.09 |
| | 组织结构有机性 | 0.07 * | 0.03 | 0.34 *** | 0.11 | 0.050 | 0.03 |
| 自变量 | OFDI 速度 | 0.06 | 0.04 | 0.10 | 0.14 | 0.07 | 0.05 |
| | OFDI 深度 | 0.13 *** | 0.03 | 0.23 * | 0.10 | 0.10 ** | 0.03 |
| | OFDI 广度 | 0.10 * | 0.04 | 0.36 * | 0.18 | 0.12 ** | 0.04 |
| 调节变量 | 母国网络关系嵌入性 | 0.59 *** | 0.12 | 0.37 ** | 0.11 | 0.22 *** | 0.05 |
| | 母国网络关系嵌入性 × OFDI 深度 | 0.11 * | 0.04 | 0.27 * | 0.13 | 0.09 ** | 0.03 |
| | 母国网络关系嵌入性 × OFDI 广度 | − 0.10 | 0.15 | 0.30 * | 0.14 | − 0.14 | 0.17 |

| 变量 | | 模型 1（创新绩效） | | 模型 2（隐性知识获取） | | 模型 3（创新绩效） | |
|---|---|---|---|---|---|---|---|
| | | $\beta$ | SE | $\beta$ | SE | $\beta$ | SE |
| 调节变量 | 母国网络关系嵌入性 × OFDI 速度 | -0.05 | 0.11 | 0.07 | 0.36 | -0.06 | 0.09 |
| 中介变量 | 隐性知识获取 | | | | | 0.14*** | 0.03 |
| | $R^2$ | 0.58 | | 0.48 | | 0.70 | |

注：*** 代表 0.001 以下显著；** 代表 0.01 以下显著；* 代表 0.05 以下显著。

由表 5.17 可知，模型 1 整体显著，其中，对外直接投资深度和对外直接投资广度对创新绩效影响显著（$\beta = 0.13$，$p < 0.001$；$\beta = 0.10$，$p < 0.05$），母国网络关系嵌入性对创新绩效有显著正向影响（$\beta = 0.59$，$p < 0.001$）。模型 2 中，对外直接投资深度、对外直接投资广度显著影响隐性知识获取（$\beta = 0.23$，$p < 0.05$；$\beta = 0.36$，$p < 0.05$），母国网络关系嵌入性对隐性知识获取有显著正向影响（$\beta = 0.37$，$p < 0.01$），对外直接投资深度与母国网络关系嵌入性的乘积项和对外直接投资广度与母国网络关系嵌入性的乘积项对隐性知识获取影响显著（$\beta = 0.27$，$p < 0.05$；$\beta = 0.30$，$p < 0.05$）。为了清晰地表示母国网络关系嵌入性对对外直接投资与创新绩效关系的调节作用，分别做对外直接投资深度和对外直接投资广度的均值加减一个标准差的调节效应图（见图 5.3）。当企业的母国网络关系嵌入性高时，通过提高对外直接投资深度和对外直接投资广度会使企业获取更多的隐性知识。模型 3 的回归结果中，中介变量隐性知识获取对创新绩效有显著正向影响（$\beta = 0.14$，$p < 0.001$）。综合以上论述，对外直接投资深度与对外直接投资广度通过隐性知识获取这一中介对创新绩效的影响受到母国网络关系嵌入性的调节，因此假设 6a、假设 6b 成立，假设 6c 不成立。

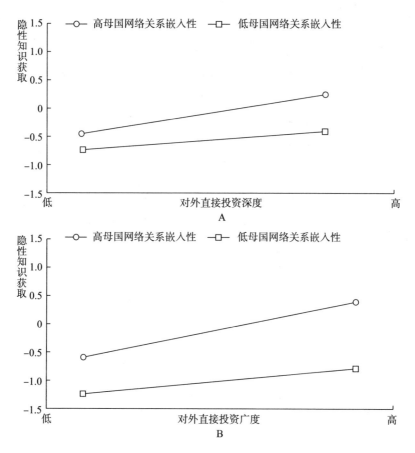

图 5.3　母国网络关系嵌入性的调节效应

## 5.5　小结

本书基于知识基础观、动态能力理论以及跨国公司相关理论，检验了企业对外直接投资对创新绩效的影响以及隐性知识获取的中介效应。实证研究结果表明，对外直接投资深度越深、对外直接投资广度越广，企业创新绩效越高，其中一个重要的传导效应是隐性知识获取。

如果企业不重视境外隐性知识的积累与应用，一味地从国内获取隐性知识，则会妨碍企业创新绩效的提高。隐性知识是稳定的、不易更改的，因此进行对外直接投资的企业必须主动获取境外隐性知识。从境外获取的难以模仿的隐性知识是企业竞争优势的主要来源。因此，中国跨国企业应高度重视通过各种渠道有效获取境外隐性知识并在此基础上创造新知识。本书的研究结果同时证实了组织结构有机性和母国网络关系嵌入性存在调节效应：有机的组织结构可以为企业提供良好的知识共享环境及知识共享氛围；提高母国网络关系嵌入性可以促进企业从境外获取更多的隐性知识。而对外直接投资速度对创新绩效影响不显著，可能的原因在第六章进行讨论。

　　本章通过理论研究构建概念模型，基于问卷调查的数据提出假设并进行实证检验，具体检验结果汇总为表 5.18。

表 5.18　检验假设结果

| 序号 | 假设描述 | 检验结果 |
|---|---|---|
| 假设 1a | 企业对外直接投资深度对创新绩效具有正向影响 | 成立 |
| 假设 1b | 企业对外直接投资广度对创新绩效具有正向影响 | 成立 |
| 假设 1c | 企业对外直接投资速度对创新绩效具有正向影响 | 不成立 |
| 假设 2a | 企业对外直接投资深度对隐性知识获取具有正向影响 | 成立 |
| 假设 2b | 企业对外直接投资广度对隐性知识获取具有正向影响 | 成立 |
| 假设 2c | 企业对外直接投资速度对隐性知识获取具有正向影响 | 不成立 |
| 假设 3 | 隐性知识获取对创新绩效具有正向影响 | 成立 |
| 假设 4a | 隐性知识获取在企业对外直接投资深度对创新绩效的影响中起中介作用 | 成立 |
| 假设 4b | 隐性知识获取在企业对外直接投资广度对创新绩效的影响中起中介作用 | 成立 |
| 假设 4c | 隐性知识获取在企业对外直接投资速度对创新绩效的影响中起中介作用 | 不成立 |

续表

| 序号 | 假设描述 | 检验结果 |
|---|---|---|
| 假设 5a | 组织结构有机性对企业对外直接投资深度对创新绩效的中介效应具有调节作用；即对于组织结构有机性高的企业，对外直接投资深度的加深会使其获取到更高水平的隐性知识，从而对创新绩效产生正向影响 | 成立 |
| 假设 5b | 组织结构有机性对企业对外直接投资广度对创新绩效的中介效应具有调节作用；即对于组织结构有机性高的企业，对外直接投资广度的增加会使其获取到更高水平的隐性知识，从而对创新绩效产生正向影响 | 成立 |
| 假设 5c | 组织结构有机性对企业对外直接投资速度对创新绩效的中介效应具有调节作用；即对于组织结构有机性高的企业，对外直接投资速度的加快会使其获取到更高水平的隐性知识，从而对创新绩效产生正向影响 | 不成立 |
| 假设 6a | 母国网络关系嵌入性对企业对外直接投资深度对创新绩效的中介效应具有调节作用；即对于母国网络关系嵌入性高的企业，对外直接投资深度的加深会使其获取到更高水平的隐性知识，从而对创新绩效产生正向影响 | 成立 |
| 假设 6b | 母国网络关系嵌入性对企业对外直接投资广度对创新绩效的中介效应具有调节作用；即对于母国网络关系嵌入性高的企业，对外直接投资广度的增加会使其获取到更高水平的隐性知识，从而对创新绩效产生正向影响 | 成立 |
| 假设 6c | 母国网络关系嵌入性对企业对外直接投资速度对创新绩效的中介效应具有调节作用；即对于母国网络关系嵌入性高的企业，对外直接投资速度的加快会使其获取到更高水平的隐性知识，从而对创新绩效产生正向影响 | 不成立 |

# 第六章

# 技术获取型企业对外直接投资的思考

通过前面五章的论述，本书已对中国企业对外直接投资深度、对外直接投资广度、对外直接投资速度、隐性知识获取和创新绩效之间的关系进行了较为系统和深入的剖析。本章将对前文的研究内容做出总结，同时根据主要结论对企业和政府提出有益的意见和建议。

## 6.1 企业应重视隐性知识发挥的作用

第一，从控制变量来看，研发占比对创新绩效影响并不显著，其原因可能有以下两个方面。其一，研发投入存在边际效益递减的规律。其二，人力资本结构不完善，缺乏高素质人才以及有效的激励和约束机制，无法发挥人力资本的规模效应。企业规模对创新绩效的影响并不显著，说明目前对于我国企业而言，企业规模的差异对实现创新绩效的改善没有显著影响。事实上，对于一些技术型的中小企业而言，如果具有较强的盈利能力，则更有可能实现创新绩效的提高（例如瞪羚企业）。从近年来国家统计局等部门联合发布的《中国对外直接投资统计公报》中可以看出，中小企业"走出去"的增长趋势较为明显，如何帮助中小企业提高创新绩效是政府和企业需要解决的问题，包括有效缓解中小企业融资难问题等。由于创新能力的提高主要依赖技术人员，因此企业规模对创新绩效影响作用不显著说明企业中研发人员占比较低。中国近年来加大研发资金投入力度，但高端的研发人才却是各家企业的稀缺资源，聘用境外人才的高昂成本更是令企业望而却步，因此政府应切实解决企业的研发人员不足问题，这是帮助企业实现绩效提升的重要环节。

第二，与发达国家跨国企业进行境外投资不同的是，中国等新兴经济体国家的企业对外直接投资并不单单以技术利用为主要目的，而是期望通过进入国际市场获取创新所需的资源和学习机会（Luo and Tung，2007）。实证结果显示，对外直接投资深度和对外直接投资广度对因变量创新绩效均具有显著的正向影响。这说明深入、广泛地在东道国进行对外直接投资有益于企业提高创新能力。目前我国进行对外直接投资的企业中，有些企业盲目跟风，只进行一次或者极小规模的投资，没有充分挖掘和发挥东道国市场的潜力，这样的决策对企业长期发展是没有益处的。而目前这类企业为数不少。因此，仅仅推动企业"走出去"还不够，还应该使企业意识到国际市场的经营空间，做好战略部署，实施适合企业长期发展的对外直接投资战略。偶然地在东道国进行盲目的投资只会让企业承担更大的风险并造成损失。

对外直接投资速度对创新绩效影响不显著，对外直接投资速度对创新绩效的影响机制中很重要的一点是利润反馈机制。对外直接投资速度的回归结果不显著，说明利润反馈机制没有起到应有的作用，可能的原因如下：一方面，中国跨国企业境外经营的盈利能力不足；另一方面，境外经营的利润没有应用在企业的研发创新上。其中，盈利能力不足对企业、政府而言都是一个亟待解决的问题。一些现实中的统计数据和研究表明，中国跨国公司的收益总体上来说是不乐观的。据普华永道数据统计，至今为止超过50%的中国企业境外并购都不成功。商务部的报告也显示，中国企业的境外项目中只有13%处于盈利状态，而60%以上的境外子公司处于亏损状态。此外，以往学者研究企业进入东道国的速度对创新绩效的影响时还考虑企业家精神的作用（Mokhber et al.，2016）。企业家精神可以使企业具有冒险倾向，扩大产品创新。结论说明中国企业家精神与创新产出没有直接关系，可能受到了其他因素的制约，从而导致创新绩效没有得到提高。

虽然快速进行对外直接投资有益于企业发挥先发优势，占领资源，但由于受企业的吸收能力有限等因素的制约，中国企业的盈利能力不容乐观，进而导致研发投入不足，阻碍创新能力的发展。盈利能力不足，不仅影响企业的创新投入、创新产出，而且会影响企业的日常经营，给企业发展带来掣肘。有些企业获取了利润以后，将资金用于扩建或下一步的境外投资，而没有增加研发投入。由于研发产出需要较长的时间跨度，不能在短期内获得收益，因此技术创新研究可能不会被企业重视，特别是普通的制造业企业。技术创新对国家实现经济增长是非常重要的，因此如何使企业重视创新、积极创新是政府和企业都应思考和解决的问题。正是由于对外直接投资速度对创新绩效没有显著影响，而此前学者没有考虑对外直接投资的时间维度，因此可能造成已有的研究不能得到统一的结论。

第三，隐性知识获取的中介作用。通过实证检验的结果发现，企业对外直接投资深度和广度正向影响创新绩效部分通过隐性知识获取产生作用，这说明连续不间断地从境外获取隐性知识是对外直接投资企业提高创新能力的重要举措。是在中美贸易摩擦之后，发达国家对发展中经济体的技术封锁更为严格，在这种情况下隐性知识的作用日益凸显。通过扩大对外直接投资范围、加大对外直接投资力度，企业会深入广泛地接触国际市场，不断扩大创新的搜索范围，从而能够不断积累搜索经验，提高对先进技术的洞察力，并主动地改变固有思维，善于接受新的隐性知识。隐性知识作为企业的核心竞争力，应当受到企业足够的重视。企业通过进行对外直接投资，不仅能够获取利润、降低成本、学习到先进的技术知识，而且能够通过接近和接触境外市场获取更多的境外经营与销售经验；通过与当地消费者、经销商沟通交流，获得改进产品和服务的思路，扩大眼界和拓展思维；通过与东道国子公司以及合作伙伴的沟通，获得市场讯息和有益于创新的开放的组织文化等。对外直接投资的程度越高，越能获取这些隐性知识，进而在短期内能实现显性知识的积累和盈利绩效的提高。通过加大对获取境外隐性知识的重视和解决隐性知识转移较为困难的难题，中国企业的创新能力会得到进一步的提升。

对外直接投资速度对隐性知识获取的作用不显著，可能的原因是时间压缩不经济以及中国企业自身的吸收能力不足。基于知识基础观，企业快速进行对外直接投资会形成时间压缩不经济。有学者认为，跨国公司的子公司对母公司的盈利能力的贡献不是一成不变的，取决于子公司扩张的速度，因为在一定时间内跨国公司的吸收能力是有限的，有限的认知能力和有限的理性导致了时间压缩不经济的出现（李庆华、王文平，2011）。对外直接投资速度过快导致的时间压缩不经济现象使学者认为规律地进行对外直接投资才有益于企业创新绩效提高（Kyläheiko et al.，2011）。时间压缩不经济其实就是吸收能力较弱导致的。由于境外获取的隐性知识需要通过跨国公司内部进行学习才能被吸收利用，因此如果企业在一定时间内在不同国家和地区建立境外子公司的数量较多，那么在吸收能力和组合能力较弱的情况下，在跨国公司母公司与子公司之间进行隐性知识的传输、转移和消化吸收会显得非常困难。而吸收能力又与知识存量和知识多样性有关。跨国公司关于境外扩张的知识储存越丰富，越有可能成功地实现快速的境外扩张。因此，极有可能正是中国企业缺乏相关的知识储备导致了回归结果的不显著。而知识多样性不足会导致内外部知识产生关联，外部知识不能很好地被吸收。综合上述分析，得到对外直接投资速度对隐性知识获取没有显著影响的结果，说明中国跨国公司很可能在境外扩张的进程中有些盲目，节奏过快，并且自身的隐性知识储备不足，在知识多样性上存在欠缺。

第四，组织结构有机性和母国网络关系嵌入性的调节作用。从实证检验的结果来看，组织结构有机性和母国网络关系嵌入性都对"对外直接投资深度—隐性知识获取—创新绩效""对外直接投资广度—隐性知识获取—创新绩效"起到前置的调节作用。在隐性知识的特性中，有一点是相对稳定性。由于隐性知识存在于人的大脑中，特别是组织文化，一旦形成，很难被改变。境内的隐性知识从企业成立起就可以获取，因此境内获取的隐性知识较境外获取的隐性知识先一步存在于企业组织中，较为稳定。Roth 等（2009）发现，在一定情境下，企业积累的经验越多，越阻碍企业使用境外技术。境内隐性知识被获取并形成核心资源以后，由于具有黏性因此很难被改变，这是阻碍企业使用境外隐性知识的原因。积累了一定的境内获取的隐性知识的企业在进行对外直接投资后，较难接受境外获取的隐性知识，换言之，境内获取的隐性知识存在于企业之中，会影响境外获取的隐性知识发挥正向的作用。因此对于跨国企业而言，境外获取的隐性知识无疑是有益的，但同时也存在获取难、转变难、接受难的问题。组织结构有机性是企业组织内部的特性，母国网络关系嵌入性是组织所在的外部环境。从企业内部看，企业组织结构有机性越高，越容易用新的隐性知识（例如利于创新的组织文化）替换掉过时的隐性知识；从企业外部环境看，企业与母国网络关系嵌入性越高，越容易通过信誉背书从境外获取隐性知识。在几十年前，企业在进行对外直接投资之前要花费大量的时间和精力去发展自身的能力和储备资源。而在当今的市场环境下，很多企业在成立之初就快速地走出国门，学者们称这种现象为"天生对外直接投资"。对于这样的企业，除了自身的优势外，它所在的母国网络关系也显得尤为重要，通过向母国网络关系中的企业充分模仿学习，可以推动境外经营活动的顺利开展和有效运作，从而获得更多的隐性知识。因此，企业内部与外部"一推一拉"的作用会使对外直接投资企业便于获取和利用隐性知识。

## 6.2 政府可以提供更多的服务和保障

政府在加快实施"走出去"战略时，可以从以下方面为提升创新绩效提供服务和保障。

### 1. 进一步完善和简化对外直接投资审批程序，审批额度管理灵活化

通过和案例企业领导层的访谈过程发现，企业"走出去"面临的一个困境就是政府的审批流程较为繁琐。这不仅会增加企业"走出去"的时间成本，而且可能使企业错失最佳投资时间，和好的投资机会失之交臂。因此政府应进一步完善和简化企业对外直接投资的审批和审核机制，助力企业对外直接投资的顺利实施。中国已于2014年10月实施了新的《境外投资管理办法》，本着提高境外投资便利化水

平的目的，仅对涉及敏感国家和地区、敏感行业的境外投资实行核准制，对其他境外投资形式则一律实行备案制。由原来的核准为主转变为目前的备案为主的管理模式对促进和规范中国境外投资提供了重要的制度保障。通过集中审核等方式可以有效地避免审批过程产生的负面影响，帮助中国企业更快地"走出去"。此外，我国对企业境外投资的额度有一定的限制。如果在任何一级审批过程中发现超出投资额度的投资行为，那么整个流程就要重新进行一遍。整体来看，国家对企业境外投资的管控是很严格的，如果能够在审批额度管理上灵活处理，那么也可以简化审批流程，方便企业节约时间成本。

### 2. 加强对境外投资企业的金融支持

目前，中国企业仍处于对外直接投资的初期，企业境外经营的深度和广度都不足。为了鼓励企业深入地开展境外投资，就必然要加强对境外投资的金融支持。东道国经济、政治等方面的原因会使得企业投资风险较高，因此必要的金融支持对于促进中国企业对外直接投资的顺利进行起着重要作用。一方面，各类金融机构应积极开发与企业境外投资相适应的金融产品；另一方面，在境外投资企业与东道国产生争议时，政府应及时提供相应的政策和法律指导，为中国企业顺利"走出去"保驾护航。

隐性知识获取的作用日益突出，随之会带来人才方面的成本问题，境外人才引进成本与国内相比非常高，占企业人才总成本相当一部分比例，这对中小型企业而言是个不小的挑战。此外，一项好的科学技术在市场化、产业化过程中会面临资金投入不足的难题，特别是民营企业更需要大量的资金投入，没有持续的资金支持很难完成产业化。产品的市场应用也是一个耗费时间和资金的过程，如果企业能够拥有强大的资金支持，企业自主创新之路会走得更快更顺畅。资金问题是企业"走出去"面临的最大瓶颈问题，因此加大资金扶持力度是政府层面需要重点关注的问题。目前各大银行已经为中国企业"走出去"提供了很多便利服务，包括跨境银行以及"互联网＋交易行业"等。由于中国进行对外直接投资的企业中不乏中小企业，因此中小企业融资难也是亟待解决的问题。为了解决中小企业的融资问题，中国以温州为试点进行金融改革，重点强调规范发展民间金融，目前取得了一定的成效；云南旨在发展沿边金融、跨境金融的改革试验区发挥的作用也较为明显。将成功的试验区经验在全国范围内推广也是快速有效地为企业"走出去"提供金融支持的一剂良方。

**3. 为境外投资企业提供高质量的信息服务**

2017 年发布的《中国对外直接投资统计公报》显示，截至 2016 年末，对外直接投资分布在全球 190 个国家（地区），设立对外直接投资企业 3.72 万家。由于不同国家（地区）有关投资的法律法规、劳工制度、自然及人文环境等存在较大差异，单靠境外投资企业自身显然无法克服这些差异带来的困难，因此政府应利用自身所具备的优势，组织相关部门编制关于投资东道国地理位置、投资环境、要素状况以及经济发展水平等方面信息的投资指南，并及时向企业提供高质量的资金、税收、法律以及咨询等方面的信息，从而降低企业境外投资的风险和成本。

**4. 强化政策引导，鼓励企业有计划、有战略地开展对外直接投资**

政府鼓励企业"走出去"的同时，还要规范"走出去"的战略。目前很多企业进行对外直接投资是盲目的、跟风式的，这种现象小到对企业的日常经营、创新产出，大到对国家的经济发展都是有害无益的。因此，政府在鼓励企业"走出去"的同时，要规范企业的投资动机，使企业不仅要"走出去"，而且要"走得好"。

# 6.3  企业调整对外直接投资战略

**1. 积极融入东道国经济，增强企业嵌入其外部创新网络的深度、广度**

企业只有充分嵌入东道国的创新网络，才能有效获取 OFDI 带来的各种积极效应，因此中国企业在"走出去"的过程中必须深入了解东道国的国家发展进程、技术创新网络、人力资源状况、自然禀赋状况等，应秉持"立足当地、共谋发展"的经营理念，积极融入东道国的经济社会发展进程，深度嵌入其技术和创新网络，通过不同的渠道和形式提升母公司乃至母国整体的创新绩效。无论是对外直接投资进入速度，还是对外直接投资进入后速度都与企业自身优势和企业家精神关系密切，因此企业进行对外直接投资决策时要结合环境因素和自身条件，做出适合企业自身的对外直接投资决策，不能盲目跟风。

**2. 不断提高获取境外隐性知识的主动性和意识**

跨国公司存在内部资源约束，内部知识往往不足以产生足够的创新，而获取相关的、异质的、多样性的外部隐性知识会增加跨国公司的关键资源。但是仅仅拥有独特的、难以复制的境外隐性知识还不够，企业还需要不断地与境外环境保持联系，使企业能够持续地创造、扩充、升级、保护企业独特的资源。在巴统协定变得严格的背景下，企业应在通过隐性知识获取提高创新能力的同时保护自己。隐性知识的默会性和实践性决定了企业必须善于多方位地同境外供应商、客户、合作伙伴，甚至竞争对手，进行合作、交流和沟通，以获取尽可能多的隐性知识，提高企业创新绩效。企业应加大对国际化管理人才的培养从而更好地学习境外企业先进的管理经验，并且在进行对外投资的标的物和目标国选择时要注重对风险的防控，提升企业的盈利能力。

**3. 中小型企业适宜缔结合作联盟，而规模较大企业适宜深入开展境外市场经营**

合作联盟的方式（例如成立境外研发中心）使得达成同盟的企业在坚持相互独立的前提下共担风险、共享利益，并且国际合作前期并不需要企业付出大量的投资成本，这为中国数量众多的中小型民营企业进行境外投资提供了一种适宜的投资模式。企业可以通过与发达国家的高技术企业缔结合作联盟充分嵌入其研发和创新网络，从而有效提升自身的创新绩效。深入开展境外经营活动对企业自身的要求较高，企业不仅需要具备雄厚的资金实力，而且需要拥有高素质的人才队伍，以及具备抗击境外经营可能带来的政治风险、经济风险等各种风险的能力。这些要求对于大量的中小型企业来说，可能会使其在境外投资时面临众多挑战，而规模较大的企业由于在资金实力、组织架构、研发投入以及投资经验等方面具有优势，因此可以在一定程度上规避这些不确定因素带来的影响，从而根据自身发展情况选择境外经营的模式。

**4. 审慎考虑进行对外直接投资的速度和节奏**

时间压缩不经济的现象早已存在。TCL 在近 20 年间是境外投资的领军企业，境外扩张速度很快，一家世界级跨国公司似乎已经初现雏形，但 TCL 也面临着连年的经营亏损。原因之一是 TCL 境外投资的速度过快，获取的收益没有超过产生的成本，产生了时间压缩不经济现象。通过实证结果发现，目前中国企业的时间压缩不经济现象可能较为普遍。为了避免这一问题的发生，跨国公司一方面在制定对外直接投资策略时要谨慎考虑，另一方面要加强自身的吸收能力，增加隐性知识储备并提高知识的多样性。对外直接投资企业不能盲目地追求扩张速度，要根据企业自身的实际情况合理选择适当的境外投资策略。

# 6.4　不可或缺的社会环境

社会环境对企业对外直接投资与创新绩效之间的关系存在很大的影响。Zonta 和 Amal（2018）以巴西市场为例进行实证分析，结果发现对一个机构稳定的国家或地区进行对外直接投资会产生积极影响，推动企业创新，提供探索的可能性资源，并使其拥有卓越的知识和能力。

通过本书实证结果发现，隐性知识获取与企业所处的环境有很大的关系。一方面，进行对外直接投资的企业应调整自己的组织结构以及与境外的企业加强联系；另一方面，境内的环境非常重要。由于与其他国家或地区的隐性知识差距较大，从境外获得的隐性知识没有办法发挥应有的作用，因此亟须完善中国社会环境（包括企业所处的社会政治环境、经济环境、法治环境、科技环境、文化环境、语言环境、卫生环境等）。稳定清明的政治环境、活跃有序的经济环境、公平正义的社会环境、健全完善的法制环境、包容大气的文化环境能为企业获取隐性知识创造更好的平台，提供更有力的支撑。各类法规政策要与时俱进地废、改、留、立。国际化应集中体现为达到国际最高标准、国际最好水平。只要是合理的，只要是在中国特色社会主义制度下可施行的，就应当学习。便利化应集中体现为让市场在资源配置中起决定性作用和更好地发挥政府作用。

事实上，跨国公司子公司员工分散在不同国家或地区，面对着不同的政治、文化背景，这给知识管理带来了更多的挑战——隐性知识很难被表达和捕捉、难以被转移并加以使用。跨国公司与所处网络，包括子公司之间的制度逻辑，会增加上述过程的难度（Murray et al.，

2005）。隐性知识的交换和信任的建立需要个体面对面进行交流，空间接近有利于促进隐性知识的传播。跨国公司母公司与网络其他成员的距离会增加隐性知识转移的成本和不确定性，如果网络中其他成员的隐性知识水平提高，则母公司获取、应用隐性知识更为困难。因此，缩短与发达国家环境因素方面的差距，便于充分发挥国内获取的隐性知识的作用，减少企业获取隐性知识的成本。对企业来说，环境因素十分重要，应引起足够的重视。

# 参考文献

[1] 卜伟、易倩:《OFDI 对中国产业升级的影响研究》,《宏观经济研究》2015 年第 10 期。

[2] 柴庆春、张楠楠:《中国对外直接投资逆向技术溢出效应——基于行业差异的检验分析》,《中央财经大学学报》2016 年第 8 期。

[3] 陈恒、侯建:《R&D 投入、FDI 流入与国内创新绩效的门槛效应研究——基于地区知识产权保护异质性视角》,《管理评论》2017 年第 6 期。

[4] 陈建勋、凌媛媛、王涛:《组织结构对技术创新影响作用的实证研究》,《管理评论》2011 年第 7 期。

[5] 陈俊聪、黄繁华:《对外直接投资与贸易结构优化》,《国际贸易问题》2014 年第 3 期。

[6] 陈颂、卢晨:《不同投资方式的 OFDI 逆向技术溢出效应研究》,《国际商务》2017 年第 6 期。

[7] 程中海、张伟俊:《要素禀赋、对外直接投资与出口贸易:理论模型及实证》,《世界经济研究》2017 年第 10 期。

[8] 杜健、周超:《母国网络关系嵌入性与企业跨国动态能力——来自

中国的经验证据》,《外国经济与管理》2018 年第 4 期。

[9] 杜龙政、林润辉:《对外直接投资、逆向技术溢出与省域创新能力——基于中国省际面板数据的门槛回归分析》,《中国软科学》2018 年第 1 期。

[10] 冯根福、刘虹、冯照桢等:《股票流动性会促进我国企业技术创新吗?》,《金融研究》2017 年第 3 期。

[11] 范钧、郭立强、聂津君:《网络能力、组织隐性知识获取与突破性创新绩效》,《科研管理》2014 年第 1 期。

[12] 付菁华:《内部社会资本对跨国母子公司内部知识转移绩效的影响研究——以跨国在华子公司为例》,复旦大学博士学位论文,2009。

[13] 顾雪松、韩立岩、周伊敏:《产业结构差异与对外直接投资的出口效应——"中国—东道国"视角的理论与实证》,《经济研究》2016 年第 4 期。

[14] 郭立强:《网络能力对 KIBS 中小企业突破性创新绩效影响的研究》,浙江工商大学硕士学位论文,2013。

[15] 蒋冠宏、蒋殿春:《中国企业对外直接投资的"出口效应"》,《经济研究》2014 年第 5 期。

[16] 蒋冠宏、张馨月:《金融发展与对外直接投资——来自跨国的证据》,《国际贸易问题》2016 年第 1 期。

[17] 蒋冠宏:《中国企业对外直接投资的"就业效应"》,《统计研究》2016 年第 8 期。

[18] 李宏兵、郭界秀、翟瑞瑞:《中国企业对外直接投资影响了劳动力市场的就业极化吗?》,《财经研究》2017 年第 6 期。

[19] 李梅、柳士昌:《对外直接投资逆向技术溢出的地区差异和门槛

效应——基于中国省际面板数据的门槛回归分析》,《管理世界》2012 年第 1 期。

[20] 李梅、余天骄:《研发国际化是否促进了企业创新——基于中国信息技术企业的经验研究》,《管理世界》2016 年第 11 期。

[21] 李平、苏文喆:《对外直接投资与我国技术创新:基于异质性投资东道国的视角》,《国际商务》2014 年第 2 期。

[22] 李庆华、王文平:《基于时际范围经济的企业国际市场进入过程模型:知识观视角的研究》,《管理评论》2011 年第 3 期。

[23] 李杏、钟亮:《对外直接投资的逆向技术溢出效应研究——基于中国行业异质性的门槛回归分析》,《山西财经大学学报》2016 年第 11 期。

[24] 林莎、雷井生、杨航:《中国企业绿地投资与跨国并购的差异性研究——来自 223 家国内企业的经验分析》,《管理评论》2014 年第 9 期。

[25] 林治洪、陈岩、秦学志:《基于制度视角的企业国际化速度对绩效的影响研究:来自中国上市公司的经验分析》,《产业经济研究》2013 年第 1 期。

[26] 刘健、刘春林:《不确定性下关联股东网络的并购经验与并购绩效研究》,《南开管理评论》2016 年第 3 期。

[27] 马微、惠宁:《金融结构对技术创新的影响效应及其区域差异研究》,《经济科学》2018 年第 2 期。

[28] 毛其淋、许家云:《中国对外直接投资促进抑或抑制了企业出口?》,《数量经济技术经济研究》2014 年第 9 期。

[29] 糜军:《中国企业对外直接投资反向知识溢出效应研究》,武汉大学博士学位论文,2010。

［30］ 尼克莱·J. 福斯、克里斯第安·克努森编《企业万能：面向企业能力理论》，李东红译，东北财经大学出版社，1998。

［31］ 潘素昆、袁然：《不同投资动机 OFDI 促进产业升级的理论与实证研究》，《经济学家》2014 年第 9 期。

［32］ 彭辉锐：《企业隐性知识获取、吸收能力与创新绩效关系的实证研究》，浙江理工大学硕士学位论文，2014。

［33］ 沙文兵：《对外直接投资提升了中国国内创新能力吗？——基于 2004 年~2010 年省际面板数据的检验》，《经济经纬》2015 年第 6 期。

［34］ 苏莉、冼国明：《中国企业跨国并购促进生产率进步了吗？》，《中国经济问题》2017 年第 1 期。

［35］ 谭可欣、郭东强：《隐性知识管理及其对企业创新的影响》，《管理评论》2007 年第 12 期。

［36］ 汪涛、陆雨心、金珞欣：《动态能力视角下组织结构有机性对逆向国际化绩效的影响研究》，《管理学报》2018 年第 2 期。

［37］ 王天力：《隐性知识获取、吸收能力与新创企业创新绩效关系研究》，吉林大学博士学位论文，2013。

［38］ 王英、刘思峰：《国际技术外溢渠道的实证研究》，《数量经济技术经济研究》2008 年第 4 期。

［39］ 温忠麟、张雷、侯杰泰：《有中介的调节变量和有调节的中介变量》，《心理学报》2006 年第 3 期。

［40］ 吴航：《企业国际化、动态能力与创新绩效关系研究》，浙江大学博士学位论文，2014。

［41］ 许晖、许守任、王睿智：《网络嵌入、组织学习与资源承诺的协同演进——基于 3 家外贸企业转型的案例研究》，《管理世界》

2013 年第 10 期。

[42] 薛求知：《当代跨国公司新理论》，复旦大学出版社，2007。

[43] 薛琰如、张海亮、邹平：《所有制差异、套利动机与对外直接投资区位决策——基于矿产资源型国有企业的分析》，《经济评论》2016 年第 2 期。

[44] 闫红蕾、赵胜民：《上市公司股票流动性对企业创新的促进作用》，《经济理论与经济管理》2018 年第 2 期。

[45] 严兵、张禹、韩剑：《企业异质性与对外直接投资——基于江苏省企业的检验》，《南开经济研究》2014 年第 4 期。

[46] 杨洋、魏江、罗来军：《谁在利用政府补贴进行创新？——所有制和要素市场扭曲的联合调节效应》，《管理世界》2015 年第 1 期。

[47] 姚明明、吴晓波、石涌江等：《技术追赶视角下商业模式设计与技术创新战略的匹配——一个多案例研究》，《管理世界》2014 年第 10 期。

[48] 殷朝华、郑强、谷继建：《对外直接投资促进了中国创新吗——基于金融发展视角的实证研究》，《宏观经济研究》2017 年第 8 期。

[49] 尹东东、张建清：《我国对外直接投资逆向技术溢出效应研究——基于吸收能力视角的实证分析》，《国际贸易问题》2016 年第 1 期。

[50] 尹建华、周鑫悦：《中国对外直接投资逆向技术溢出效应经验研究——基于技术差距门槛视角》，《科研管理》2014 年第 3 期。

[51] 尹忠明、李东坤：《中国对外直接投资与国内全要素生产率提升——基于全面提高开放型经济发展水平的视角》，《财经科学》

2014 年第 7 期。

［52］ 袁建国、后青松、程晨：《企业政治资源的诅咒效应——基于政治关联与企业技术创新的考察》，《管理世界》2015 年第 1 期。

［53］ 袁东、李霖洁、余淼杰：《外向型对外直接投资与母公司生产率——对母公司特征和子公司进入策略的考察》，《南开经济研究》2015 年第 3 期。

［54］ 原毅军、孙大明：《FDI 技术溢出、自主研发与合作研发的比较——基于制造业技术升级的视角》，《科学学研究》2017 年第 9 期。

［55］ 岳中刚：《逆向研发外包与企业创新绩效：基于汽车产业的实证研究》，《国际商务》2014 年第 6 期。

［56］ 张春萍：《中国对外直接投资的贸易效应研究》，《数量经济技术经济研究》2012 年第 6 期。

［57］ 张娆：《高管境外背景是否有助于企业对外直接投资》，《宏观经济研究》2015 年第 6 期。

［58］ 章威：《基于知识的企业动态能力研究：嵌入性前因及创新绩效结果》，浙江大学博士学位论文，2009。

［59］ 赵云鹏、叶娇：《对外直接投资对中国产业结构影响研究》，《数量经济技术经济研究》2018 年第 3 期。

［60］ Acedo, F. J., Barroso, C., Galan, J. L., "The Resource-based Theory: Dissemination and Main Trends", *Strategic Management Journal*, 27 (7), 2006, pp. 621 – 636.

［61］ Aghion, P., Bond, S., Klemm, A. et al., "Technology and Financial Structure: Are Innovative Firms Different?" *Journal of the European Economic Association*, 2 (2 – 3), 2011, pp. 277 – 288.

[62] Alavi, S. , Wahab, D. A. , Muhamad, N. et al. , "Organic Structure and Organisational Learning as the Main Antecedents of Workforce Agility", *International Journal of Production Research*, 52 (21), 2014, pp. 6273 – 6295.

[63] Amiri Ali, Majid Ramazan Naghi, Abdollah Omrani, "Studying the Impacts of Organizational Organic Structure on Knowledge Productivity Effective Factors Case Study: Manufacturing Units in a Domestic Large Industrial Group", *European Journal of Scientific Research*, 40 (1), 2010, pp. 91 – 101.

[64] Anderson, N. , Potocnik, K. , Zhou, J. , "Innovation and Creativity in Organizations: A State-of-the-Science Review, Prospective Commentary, and Guiding Framework", *Journal of Management*, 40 (5), 2014, pp. 1297 – 1333.

[65] Anil K. Gupta, Govindarajan, V. , "Cultivating a Global Mindset", *The Academy of Management Executive*, 16 (1), 2002, pp. 116 – 126.

[66] Anil K. Gupta, Govindarajan, V. , "Knowledge Flows and the Structure of Control within Multinational Corporations", *The Academy of Management Review*, 16 (4), 1991, pp. 768 – 792.

[67] Anker Lund Vinding, "Absorptive Capacity and Innovative Performance: A Human Capital Approach", *Economics of Innovation & New Technology*, 15 (4 – 5), 2006, pp. 507 – 517.

[68] Argote, L. , "An Opportunity for Mutual Learning between Organizational Learning and Global Strategy Researchers: Transactive Memory Systems", *Global Strategy Journal*, 5 (2), 2015, pp. 198 – 203.

[69] Argote, L. , Miron-Spektor, E. , "Organizational Learning: From Expe-

rience to Knowledge", *Organization Science*, 2011, pp. 1123 – 1137.

[70] Argote, L. , Ingram, P. , "Knowledge Transfer: A Basis for Competitive Advantage in Firms", *Organizational Behavior and Human Decision Processes*, 82 (1), 2000, pp. 150 – 169.

[71] Arrow, Kenneth J. , "The Economic Implications of Learning by Doing", *Review of Economic Studies*, 29 (6), 1962, pp. 155 – 173.

[72] Ashraf, A. , Herzer, D. , Nunnenkamp, P. , "The Effects of Greenfield FDI and Cross-border M&As on Total Factor Productivity", *World Economy*, 39 (11), 2016, pp. 1728 – 1755.

[73] Barkema, H. G. , Vermeulen, F. , "International Expansion Through Start-up or Acquisition: A Learning Perspective", *The Academy of Management Journal*, 41 (1), 1998, pp. 7 – 26.

[74] Barden, J. Q. , Mitchell, W. , "Disentangling the Influences of Leaders' Relational Embeddedness on Interorganizational Exchange", *Academy of Management Journal*, 50 (6), 2007, pp. 1440 – 1461.

[75] Barney, J. , "Firm Resource and Sustained Competitive Advantage", *Journal of Management*, 17 (1), 1991, pp. 99 – 120.

[76] Barreto, I. , "Dynamic Capabilities: A Review of Past Research and an Agenda for the Future", *Journal of Management*, 36 (1), 2010, pp. 256 – 280.

[77] Bartlett, A. , Ghoshal, S. , "Going Global: Lessons from Late Movers", *Harvard Business Review*, 2000, pp. 132 – 142.

[78] Baumard, P. W. S. , *Tacit Knowledge in Organizations* (Sage Publications, Inc. 1999).

[79] Beijun, W. , Jian, L. , "Tacit Knowledge Transformation Based on

Ontology", International Conference on E-Business and E-Government (ICEE), 30 September 2010.

[80] Bertrand, O. , Capron, L. , "Productivity Enhancement at Home via Cross-border Acquisitions: The Roles of Learning and Contemporaneous Domestic Investments", *Strategic Management Journal*, 36 (5), 2015, pp. 640 – 658.

[81] Blome, Constantin, Schoenherr et al. , "The Impact of Knowledge Transfer and Complexity on Supply Chain Flexibility: A Knowledge-Based View", *International Journal of Production Economics*, 147 (1), 2014, pp. 307 – 316.

[82] Bolaji, H. , Chris, A. , "Relationship between Internationalisation of Firms and Economic Performance: A Case Study Selected Banks in Nigeria", *Journal of Economics & Sustainable Development*, 2014.

[83] Bolisani, E. , Paiola, M. , Scarso, E. , "Knowledge Protection in Knowledge-Intensive Business Services", *Journal of Intellectual Capital*, 14 (2), 2013, pp. 192 – 211.

[84] Bowman, C. , Ambrosini, V. , "How the Resource Based and the Dynamic Capability Views of the Firm Inform Corporate-level Strategy", *British Journal of Management*, 14 (4), 2003, pp. 289 – 303.

[85] Brock, D. M. , Yaffe, T. , "International Diversification and Performance: The Mediating Role of Implementation", *International Business Review*, 17 (5), 2008, pp. 600 – 615.

[86] Bruhn, N. C. P. , Calegário, C. L. L. , Carvalho, F. D. M. et al. , "Mergers and Acquisitions in Brazilian Industry: A Study of Spillover Effects", *International Journal of Productivity & Performance Man-*

*agement*, 66 (1), 2017, pp. 51 – 77.

[87] Buckley, P. J. , Casson, M. , "The Future of Multinational Enterprise", *Journal of Marketing*, 41 (4), 1976, p. 137.

[88] Buckley, P. J. , Hashai, N. , "The Role of Technological Catch Up and Domestic Market Growth in the Genesis of Emerging Country Based Multinationals", *Research Policy*, 43 (2), 2014, pp. 423 – 437.

[89] Canestrino, R. , Magliocca, P. , "Managing Expatriation, Repatriation and Organisational Learning in MNCs: An Integrative Framework", *Revista De Management Comparat International/Review of International Comparative Management*, 11 (2), 2010, pp. 186 – 200.

[90] Cantwell, J. A. , Tolentino, P. E. , "The Technological Competence Theory of International Production and Its Implications", *Discussion Papers in International Investment and Business* (University of Reading, 1999), p. 149.

[91] Casillas, J. C. , Acedo, F. J. , "Speed in the Internationalization Process of the Firm", *International Journal of Management Reviews*, 15 (1), 2013, pp. 15 – 29.

[92] Cavusgil, S. T. , Knight, G. , "The Born Global Firm: An Entrepreneurial and Capabilities Perspective on Early and Rapid Internationalization", *Journal of International Business Studies*, 46 (1), 2015, pp. 3 – 16.

[93] Chandra, Y. , "A Time-based Process Model of International Entrepreneurial Opportunity Evaluation", *Journal of International Business Studies*, 48 (1), 2017, pp. 1 – 29.

[94] Chen, K. Y. , Lee, C. F. , "Market Knowledge of the Travel Indus-

try from Knowledge-Based view: A Case of Two Taiwanese Travel Agencies", *Asia Pacific Journal of Tourism Research*, 22 (7), 2017, pp. 781 – 797.

[95] Chen, W. , Tang, H. , "The Dragon is Flying West: Micro-Level Evidence of Chinese Outward Direct Investment", *Asian Development Review*, 31 (2), 2014, pp. 109 – 140.

[96] Chen, M. , Zhang, G. , "Tacit Knowledge Acquisition and Sharing in Intra-Organization", *Proceeding of the IEEE 3rd International Symposium on Knowledge Acquisition and Modeling* (KAM), 2010, pp. 167 – 170.

[97] Chesbrough, H. W. , *Open Innovation: The New Imperative for Creating and Profiting fromTechnology* (Harvard Business School Press, 2003) .

[98] Chetty, S. , Eriksson, K. , Lindbergh, J. , "The Effect of Specificity of Experience on a Firm's Perceived Importance of Institutional Knowledge in an Ongoing Business", *Journal of International Business Studies*, 37 (5), 2006, pp. 699 – 712.

[99] Chor, D. , Manova, K. B. , Watt, S. , "MNC Activity and Host Country Financial Development", *Ssrn Electronic Journal*, 2013.

[100] Chung, H. F. L. , Yang, Z. , Huang, P. H. , "How does Organizational Learning Matter in Strategic Business Performance? The Contingency Role of Guanxi Networking", *Journal of Business Research*, 68 (6), 2015, pp. 1216 – 1224.

[101] Contractor, F. J. , Kumar, V. , Kundu, S. K. , "Nature of the Relationship between International Expansion and Performance: The

Case of Emerging Market Firms", *Journal of World Business*, 42 (4), 2007, pp. 401 – 417.

[102] Coppedge, B. B. , *Transferring Tacit Knowledge with the Movement of People: A Delphi Study*, (University of Phoenix, 2011).

[103] Correa, F. , Mestre, L. , Docagne, F. et al. , "Speed of Internationalization: Conceptualization, Measurement and Validation ", *Journal of World Business*, 49 (4), 2014, pp. 633 – 650.

[104] Corredoira, R. A. , Rosenkopf, L. , *Gaining from Your Losses: The Backward Transfer of Knowledge through Mobility Ties*, 2005.

[105] Cozza, C. , Zanfei, A. , "Firm Heterogeneity, Absorptive Capacity and Technical Linkages with External Parties in Italy", *The Journal of Technology Transfer*, 41, 2016, pp. 872 – 890.

[106] Cuervo-Cazurra, A. , Genc, M. , "Transforming Disadvantages into Advantages: Developing Country MNEs in the Least Developed Countries", *Journal of International Business Studies*, 39 (6), 2008, pp. 957 – 979.

[107] Dai, L. , Maksimov, V. , Gilbert, B. A. , Fernhaber, S. A. , "Entrepreneurial Orientation and International Scope: The Differential Roles of Innovativeness, Proactiveness, and Risk-Taking", *Journal of Business Venturing*, 29 (4), 2014, pp. 511 – 524.

[108] Damanpour, F. , Walker, R. M. , Avellaneda, C. N. , "Combinative Effects of Innovation Types and Organizational Performance: A Longitudinal Study of Service Organizations", *Journal of Management Studies*, 46 (4), 2010, pp. 650 – 675.

[109] Damanpour, F. , Aravind, D. , "Managerial Innovation: Concep-

tions, Processes, and Antecedents", *Management and Organization Review*, 8 (2), 2012, pp. 423 – 454.

[110] Day, G. S. , "An Outside-in Approach to Resource-based Theories", *Journal of the Academy of Marketing Science*, 42 (1), 2014, pp. 27 – 28.

[111] Debaere, P. , Lee, H. , Lee, J. , "It Matters Where You Go: Outward Foreign Direct Investment and Multinational Employment Growth at Home", *Journal of Development Economics*, 91 (2), 2010, pp. 1 – 309.

[112] Desai, M. A. , Foley, C. F. , Hines, J. R. , "Domestic Effects of the Foreign Activities of US Multinationals", *American Economic Journal Economic Policy*, 1 (1), 2009, pp. 181 – 203.

[113] Dibrell, C. , Craig, J. B. , Neubaum, D. O. , "Linking the Formal Strategic Planning Process, Planning Flexibility, and Innovativeness to Firm Performance", *Journal of Business Research*, 67 (9), 2014, pp. 2000 – 2007.

[114] Drucker, P. F. , "Post-capitalist Society", *Management Services*, 29 (2), 1994, pp. 25 – 55.

[115] Duarte Alonso, A. , "Exploring a Developing Tourism Industry: A Resource-based View Approach", *Tourism Recreation Research*, 42 (1), 2017, pp. 45 – 58.

[116] Dunning, J. H. , *Trade, Location of Economic Activity and the MNE: A Search for an Eclectic Approach* (Palgrave Macmillan UK, 1977).

[117] Dunning, J. H. , Narula, R. , "The R&D Activities of Foreign Firms in the United States", *International Studies of Management and*

*Organization*, 25, 1995, pp. 39 – 74.

[118] Dzekashu, W. G. , Mccollum, W. R. , "A Quality Approach to Tacit Knowledge Capture: Effective Practice to Achieving Operational Excellence", *International Journal of Applied Management & Technology*, 2014.

[119] Elango, B. , Pattnaik, C. , "Building Capabilities for International Operations through Networks: a Study of Indian Firms", *Journal of International Business Studies*, 38 (4), 2007, pp. 541 – 555.

[120] Engel, J. S. , Del-Palacio, I. , "Global Networks of Clusters of Innovation: Accelerating the Innovation Process", *Business Horizons*, 52 (5), 2009, pp. 493 – 503.

[121] Fan, P. , "Innovation, Globalization, and Catch-up of Latecomers: Cases of Chinese Telecom Firms", *Environment & Planning A*, 43 (4), 2011.

[122] Fang, V. W. , Tian, X. , Tice, S. , "Does Stock Liquidity Enhance or Impede Firm Innovation?", *Social Science Electronic Publishing*, 69 (5), 2014, pp. 2085 – 2125.

[123] Feest, U. , "The Experimenters' Regress Reconsidered: Replication, Tacit Knowledge, and the Dynamics of Knowledge Generation", *Studies in History & Philosophy of Science*, 58, 2016, pp. 34 – 45.

[124] Felin, T. , Foss, N. J. , Heimeriks, K. H. , Madsen, T. L. , "Microfoundations of Routines and Capabilities: Individuals, Processes, and Structure", *Journal of Management Studies*, 49 (8), 2012, pp. 1351 – 1374.

[125] Ferragina, A. M. , Mazzotta, F. , "FDI Spillovers on Firm Survival

in Italy: Absorptive Capacity Matters!", *Journal of Technology Transfer*, 39 (6), 2014, pp. 859 – 897.

[126] Fletcher, M., Harris, S., Richey, R. G., "Internationalization Knowledge: What, Why, Where, and When?", *Journal of International Marketing*, 21 (3), 2013, pp. 47 – 71.

[127] Foss, N. J., Pedersen, T., "Transferring Knowledge in MNCs: The Role of Sources of Subsidiary Knowledge and Organizational Context", *Journal of International Management*, 8 (1), 2002, pp. 49 – 67.

[128] Garbe, J. N., Richter, N. F., "Causal Analysis of the Internationalization and Performance Relationship Based on Neural Networks – Advocating the Transnational Structure", *Journal of International Management*, 15 (4), 2009, pp. 413 – 431.

[129] Girod, S. J. G., Whittington, R., "Reconfiguration, Restructuring and Firm Performance: Dynamic Capabilities and Environmental Dynamism", *Strategic Management Journal*, 38 (5), 2016, pp. 1121 – 1133.

[130] Glaister, A. J., Liu, Y., Sahadev, S. et al., "Externalizing, Internalizing and Fostering Commitment: The Case of Born-Global Firms in Emerging Economies", *Management International Review*, 54 (4), 2014, pp. 473 – 496.

[131] Goffin, K., Koners, U., "Tacit Knowledge, Lessons Learnt, and New Product Development", *Journal of Product Innovation Management*, 28 (2), 2011, pp. 300 – 318.

[132] Goh, A. L., "Harnessing Knowledge for Innovation: An Integrated

Management Framework", *Journal of Knowledge Management*, 9, 2005, pp. 6 – 18.

[133] Goldstein, A. , "The Internationalization of Indian Companies: The Case of Tata", *CASI Working Paper*, 2008.

[134] Gopinath, M. , Pick, D. , Vasavada, U. , "The Economics of Foreign Direct Investment and Trade with an Application to the U. S. Food Processing Industry", *American Journal of Agricultural Economics*, 81 (2), 1999, pp. 442 – 452.

[135] Gourlay, S. , "Tacit Knowledge, Tacit Knowing, or Behaving? Proceeding of the 3rd European Organizational Knowledge", *Learning and Capabilities Conference*, 2002 April, pp. 5 – 6.

[136] Gunday, G. , Ulusoy, G. , Kilic, K. , Alpkan, L. , "Effects of Innovation Types on Firm Performance", *International Journal of production economics*, 133 (2), 2011, pp. 662 – 676.

[137] Haiyang Li, Yan Zhang, Marjorie Lyles, "Knowledge Spillovers, Search, and Creation in China's Emerging Market", *Management & Organization Review*, 9 (3), 2013, pp. 395 – 412.

[138] Hakanson, L. , Nobel, R. , "Technology Characteristics and Reverse Technology Transfer", *Mir Management International Review*, 40 (1), 2000, pp. 29 – 48.

[139] Hao, Q. , Kasper, H. , Muehlbacher, J. , "How does Organizational Structure Influence Performance through Learning and Innovation in Austria and China", *Chinese Management Studies*, 6 (1), 2012, pp. 36 – 52.

[140] Hakanson, L. , Nobel, R. , "Organizational Characteristics and

Reverse Technology Transfer", *Mir Management International Review*, 40 (1), 2000, pp. 29 – 48.

[141] Hashai, N., Almor, T., "Gradually Internationalizing 'born global' Firms: An Oxymoron?", *International Business Review*, 13 (4), 2011, pp. 465 – 483.

[142] Hayes, A. F., *An Introduction to Mediation, Moderation, and Conditional Process Analysis: A Regression Based Approach*, (New York: Guilford Press, 2013).

[143] Helfat, C. E., Peteraf, M. A., "Managerial Cognitive Capabilities and the Microfoundations of Dynamic Capabilities", *Strategic Management Journal*, 36 (6), 2015, pp. 831 – 850.

[144] Henderson, R., Cockburn, I., "Measuring Competence? Exploring Firm Effects in Pharmaceutical Research", *Strategic Management Journal*, 15 (S1), 1994, pp. 63 – 84.

[145] Hennart, J. F., "The Theoretical Rationale for a Multinationality-Performance Relationship", *Management International Review*, 47 (3), 2007, pp. 423 – 452.

[146] Hilmersson, Mikael, Hans Jansson, "Reducing Uncertainty in the Emerging Market Entry Process: On the Relationship Among International Experiential Knowledge, Institutional Distance, and Uncertainty", *Journal of International Marketing*, 20 (4), 2012, pp. 96 – 110.

[147] Hitt, M. A., Hoskisson, R. E., Ireland, R. D. et al., "Effects of Acquisitions on R&D Inputs and Outputs", *Academy of Management Journal*, 34 (3), 1991, pp. 693 – 706.

[148] Hsu, C. W. , Lien, Y. C. , Chen, H. , "R&D Internationalization and Innovation Performance", *International Business Review*, 24 (2), 2015, pp. 187 – 195.

[149] Huang, X. , Kristal, M. M. , Schroeder, R. G. , "The Impact of Organizational Structure on Mass Customization Capability: A Contingency View", *Production & Operations Management*, 19 (5), 2010, pp. 515 – 530.

[150] Hurtado-Torres, N. , "Does International Experience Help Firms to be Green? A knowledge-based View of How International Experience and Organisational Learning Influence Proactive Environmental Strategies", *International Business Review*, 21 (5), 2012, pp. 847 – 861.

[151] Hymer, S. , "The International Operations of National Firms : A Study of Direct Foreign Investment", *Journal of International Business Studies*, 1976.

[152] Iwasa, T. , Odagiri, H. , "Overseas R&D, Knowledge Sourcing, and Patenting: An Empirical Study of Japanese R&D Investment in the US", *Research Policy*, 33 (5), 2004, pp. 807 – 828.

[153] Javalgi, R. R. G. , Grossman, D. A. , "Firm Resources and Host-country Factors Impacting Internationalization of Knowledge-intensive Service Firms", *Thunderbird International Business Review*, 56 (3), 2014, pp. 285 – 300.

[154] Jiang, R. J. , Beamish, P. W. , Makino, S. , "Time Compression Diseconomies in Foreign Expansion", *Journal of World Business*, 49 (1), 2014, pp. 114 – 121.

［155］ Johari, Johanim, Khulida Kirana, Yahya, and Abdullah, Omar. , "The Construct Validity of Organizational Structure Scale: Evidence from Malaysia", Annual Hawaii International Business Research Conference, 2011.

［156］ Jürgen Bitzer, Monika Kerekes, "Does Foreign Direct Investment Transfer Technology Across Borders? New Evidence", *Economics Letters*, 100 (3), 2008, pp. 355 – 358.

［157］ Kafouros, M. I. , Buckley, P. J. , Clegg, J. , "The Effects of Global Knowledge Reservoirs on the Productivity of Multinational Enterprises: the Role of International Depth and Breadth", *Res Policy*, 41 (5), 2012, pp. 848 – 861.

［158］ Kalinic, I. , Forza, C. , "Rapid Internationalization of Traditional SMEs: Between Gradualist Models and Born Globals", *International Business Review*, 21 (4), 2012, pp. 694 – 707.

［159］ Karna, A. , Täube, F. , Sonderegger, P. , "Evolution of Innovation Networks across Geographical and Organizational Boundaries: A Study of R&D Subsidiaries in the Bangalore IT Cluster", *European Management Review*, 17 (3), 2013, pp. 211 – 226.

［160］ Yokota, K. , Akinori Tomohara, "Modeling FDI-induced Technology Spillovers", *International Trade Journal*, 24 (1), 2010, pp. 5 – 34.

［161］ Kirca, A. H. , Fernandez, W. D. , Kundu, S. K. , "An Empirical Analysis and Extension of Internalization Theory in Emerging Markets: The Role of Firm-specific Assets and Asset Dispersion in the Multinationality-performance Relationship", *Journal of World Busi-*

*ness*, 51 (4), 2016, pp. 628 – 640.

[162] Klarner, P. , Raisch, S. , "Move to the Beat – Rhythms of Change and Firm Performance", *Academy of Management Journal*, 56 (1), 2013, pp. 160 – 184.

[163] Knight, J. , Yueh, L. , "The Role of Social Capital in the Labour Market in China", *Economics of Transition*, 16 (3), 2010, pp. 389 – 414.

[164] Kogut, B. , Zander, U. , "Knowledge of the Firm, Combinative Capabilities, and the Replication of Technology," *Organization Science*, 3 (3), 1992, pp. 383 – 397.

[165] Kogut, B. , Zander, U. , "Knowledge of the Firm and the Evolutionary Theory of the Multinational Corporation", *Journal of International Business Studies*, 24 (4), 1993, pp. 625 – 645.

[166] Kucharska, W. , Kowalczyk R. Trust, "Collaborative Culture and Tacit Knowledge Sharing in Project Management – A Relationship Model", The International Conference on Intellectual Capital, Knowledge Management & Organisational Learning: Icickm, 2016.

[167] Kyläheiko, K. , Jantunen, A. , Puumalainen, K. et al. , "Innovation and Internationalization as Growth Strategies: The Role of Technological Capabilities and Appropriability", *International Business Review*, 20 (5), 2011, pp. 508 – 520.

[168] Laanti, R. , Gabrielsson, M. , Gabrielsson, P. , "The Globalization Strategies of Business-to-business Born Global Firms in the Wireless Technology Industry", *Industrial Marketing Management*, 36 (8), 2007, pp. 1104 – 1117.

［169］ Lahiri, N. , "Geographic Distribution of R&D Activity: How does it Affect Innovation Quality?", *Academy of Management Journal*, 53, 2010, pp. 1194 – 1209.

［170］ Lall, S. , "The Rise of Multinationals from the Third World", *Third World Quarterly*, 5 (3), 1983, pp. 618 – 626.

［171］ Laursen, K. , Salter, A. , "Open for Innovation: The Role of Openness in Explaining Innovation Performance among U. K. Manufacturing Firms", *Strategic Management Journal*, 27 (2), 2010, pp. 131 – 150.

［172］ Lee, S. H. , Peng, M. W. , Barney, J. , "Bankruptcy Law and Entrepreneurship Development: A Real Options Perspective", *Academy of Management Review*, 32, 2007, pp. 257 – 272.

［173］ Leiponen, A. , Helfat, C. E. , "Location, Decentralization, and Knowledge Sources for Innovation", *Organization Science*, 22 (3), 2011, pp. 641 – 658.

［174］ Leonard, D. A. , "Core Capabilities and Core Rigidities: A Paradox in Managing New Product Development", *Strategic Management Journal*, 13 (S1), 2010, pp. 111 – 125.

［175］ Li, J. , Xie, L. , Zongzong, Q. , "Government Direct-financing in Firm R&D and Innovation Performance: A Behavioral Agency Perspective", *Academy of Management Annual Meeting Proceeding*, 1, 2015, p. 17003.

［176］ Li, J. , Xie, Z. , "Governance Structure and the Creation and Protection of Technological Competencies: International R&D Joint Ventures in China", *Management International Review*, 56 (1), 2016, pp. 123 – 148.

［177］ Li, J., Zhong, J., "Explaining the Growth of International R&D Alliances in China", *Managerial & Decision Economics*, 24（2/3）, 2003, pp. 101 – 115.

［178］ Li, P. Y., Meyer, K. E., "Contextualizing Experience Effects in International Business: A Study of Ownership Strategies", *Journal of World Business*, 44, 2009, pp. 370 – 382.

［179］ Liao, S. H., Chen, C. C., Hu, D. C. et al., "Developing a Sustainable Competitive Advantage: Absorptive Capacity, Knowledge Transfer and Organizational Learning", *Journal of Technology Transfer*, 44, 2017, pp. 1 – 20.

［180］ Liao, S. H., Hu, D. C., "Knowledge Transfer and Competitive Advantage on Environmental Uncertainty: An Empirical Study of the Taiwan Semiconductor Industry", *Technovation*, 27, 2007, pp. 402 – 411.

［181］ Lichtenberg, F., "Does Foreign Direct Investment Transfer Technology across Borders?", *Review of Economics & Statistics*, 83（3）, 2001, pp. 490 – 497.

［182］ Lieberman, M. B., Montgomery, D. B., "First-mover Advantages", *Strategic Management Journal*, 9（S1）, 1988, pp. 41 – 58.

［183］ Loncan, T., Nique, W. M., "Degree of Internationalization and Performance: Evidence from Emerging Brazilian Multinational Firms", *Gcg Revista De Globalización Competitividad Y Gobernabilidad*, 4, 2010, pp. 40 – 51.

［184］ López-Morales, J. S., Casas, M. M. G., "Degree of Internationalization（DOI）and Performance Relationship: An Empirical and

Conceptual Approach", *General Information*, 4 (9), 2014, pp. 39 – 56.

[185] Love, J. H., Roper, S., Zhou, Y., "Experience, Age and Exporting Performance in UK SMEs", *International Business Review*, 25 (4), 2016, pp. 806 – 819.

[186] Luo, Y., Tung, R. L., "International Expansion of Emerging Market Enterprises: A Springboard Perspective", *Journal of International Business Studies*, 38 (4), 2007, pp. 481 – 498.

[187] Mathews, J. A., "Dragon Multinationals: New Players in 21st Century Globalization", *Asia Pacific Journal of Management*, 23 (1), 2006, pp. 5 – 27.

[188] Mcevily, B., Marcus, A., "Embedded Ties and the Acquisition of Competitive Capabilities", *Strategic Management Journal*, 26 (11), 2010, pp. 1033 – 1055.

[189] Melitz, Marc, J., "The Impact of Trade on Intra-Industry Reallocations and Aggregate Industry Productivity", *Econometrica*, 71 (6), 2003, pp. 1695 – 1725.

[190] Miesing, P., Kriger, M. P., Slough, N., "Towards a Model of Effective Knowledge Transfer Within Transnationals: The Case of Chinese Foreign Invested Enterprises", *The Journal of Technology Transfer*, 32, 2007, pp. 109 – 122.

[191] Mikalef, P., Pateli, A., "Information Technology-enabled Dynamic Capabilities and Their Indirect Effect on Competitive Performance: Findings from PLS-SEM and fsQCA", *Journal of Business Research*, 70, 2017, pp. 1 – 16.

[192] Mohr, A. , Batsakis, G. , "Internationalization Speed and Firm Per-formance: A Study of the Market-seeking Expansion of Retail MNEs", *Management International Review*, 57 (2), 2017, pp. 1 – 25.

[193] Mokhber, M. , Tan, G. G. , Vakilbashi, A. et al. , "Impact of En-trepreneurial Leadership on Organization Demand for Innovation: Moderating Role of Employees Innovative Self-efficacy", *Internation-al Review of Management & Marketing*, 6, 2016.

[194] Morgan, N. A. , Kaleka, A. , Katsikeas, C. S. , "Antecedents of Export Venture Performance: A Theoretical Model and Empirical As-sessment", *Journal of Marketing*, 68 (1), 2004, pp. 90 – 108.

[195] Mort, G. S. , Weerawardena, J. , Liesch, P. , "Advancing Entre-preneurial Marketing: Evidence from Born Global Firms", *European Journal of Marketing*, 46 (3/4), 2012, pp. 542 – 561.

[196] Mudambi, R. , "Hierarchy, Coordination, and Innovation in the Multinational Enterprise", *Global Strategy Journal*, 1, 2011, pp. 317 – 323.

[197] Murray, Janet, Y. , Mike C. H. Chao, "A Cross-team Framework of International Knowledge Acquisition on New Product Development Capabilities and New Product Market Performance", *Journal of In-ternational Marketing*, 13 (3), 2005, pp. 54 – 78.

[198] Musteen, M. , Francis, J. , Datta, D. K. , "The Influence of In-ternational Networks on Internationalization Speed and Performance: A Study of Czech SMEs", *Journal of World Business*, 45 (3), 2010, pp. 197 – 205.

[199] Najafi-Tavani, Z. , Axèle Giroud and Sinkovics, R. R. , "Mediating

Effects in Reverse Knowledge Transfer Processes: The Case of Knowledge-Intensive Services in the U. K. ", *Management International Review*, 52 (3), 2012, pp. 461 – 488.

[200] Nair, S. R. , Demirbag, M. , Mellahi, K. , "Reverse Knowledge Transfer from Overseas Acquisitions: A Survey of Indian MNEs", *Management International Review*, 55 (2), 2015, pp. 277 – 301.

[201] Nicholas, F. , Thomsen, S. , "The Rise of Chinese Firms in Europe: Motives, Strategies and Implications", Draft Paper for Presentation at the Asia Pacific Economic Association Conference, December 13 – 14, 2008.

[202] Nonaka, I. , *The Knowledge-creating Company*, ( Oxford University Press, 1995), pp. 175 – 187.

[203] Nonaka, I. , "The Knowledge-creating Company", *Harvard Business Review*, 1991 (11 – 12), pp. 96 – 104.

[204] Nonaka, I. , "A Dynamic Theory of Organizational Knowledge Creation", *Organ. Sci.* , (5), 1994, pp. 14 – 37.

[205] Nuruzzaman, N. , Gaur, A. S. , Sambharya, R. B. , "A Microfoundations Approach to Studying Innovation in Multinational Subsidiaries", *Global Strategy Journal*, 2017.

[206] Örtenblad, Anders, "The Learning Organization: Towards an Integrated Model", *The Learning Organization*, 11 (2), 2004, pp. 129 – 144.

[207] Park, C. , Vertinsky, I. , Becerra, M. , "Transfers of Tacit vs. Explicit Knowledge and Performance in International Joint Ventures: The Role of Age ", *International Business Review*, 24 (1), 2015, pp. 89 – 101.

[208] Park, C., Vertinsky, I., D. Minbaeva, "The Influence of Foreign Partners' Disseminative Capacities on Knowledge Transfers to International Joint Ventures", *SSRN Electronic Journal*, 2013.

[209] Pegels, C. C., Thirumurthy, M. V., "The Impact of Technology Strategy on Firm Performance", *IEEE Transactions on Engineering Management*, 43 (3), 2002, pp. 246 – 249.

[210] Peng, M. W., Wang, D. Y. L., Jiang, Y., "An Institution-based View of International Business Strategy: A Focus on Emerging Economies", *Journal of International Business Studies*, 39, 2008, pp. 920 – 936.

[211] Pennings, J. M., Barkema, H., Douma, S., "Organizational Learning and Diversification", *Academy of Management Journal*, 37 (3), 1994, pp. 608 – 640.

[212] Pezeshkan, A., Fainshmidt, S., Nair, A., Frazier, M. L., Markowski, E., "An Empirical Assessment of the Dynamic Capabilities-performance Relationship", *Journal of Business Research*, 69 (8), 2016, pp. 2950 – 2956.

[213] Piening, E. P., Salge, T. O., Schäfer, S., "Innovating across Boundaries: A Portfolio Perspective on Innovation Partnerships of Multinational Corporations", *Journal of World Business*, 51 (3), 2016, pp. 474 – 485.

[214] Piperopoulos, P., Wu, J., Wang, C., "Outward FDI, Location Choices and Innovation Performance of Emerging Market Enterprises", *Research Policy*, 47 (1), 2017, pp. 232 – 240.

[215] Pisano, G. P., Teece, D. J., "How to Capture Value from Inno-

vation: Shaping Intellectual Property and Industry Architecture", *California Management Review*, 50 (1), 2007, pp. 278 – 296.

[216] Polanyi, M. , "Book Reviews: Personal Knowledge Towards a Post-Critical Philosophy", *Science*, 129, 1959, pp. 831 – 832.

[217] Pollitte, W. A. , Miller, J. C. , Yaprak, A. , "Returns to US Firms from Strategic Alliances in China: A Knowledge-based View", *Journal of World Business*, 50 (1), 2015, pp. 144 – 148.

[218] Prahalad, C. K. , Hamel, G. , *The Core Competence of the Corporation*, (Strategische Unternehmungsplanung – Strategische Unternehmun-gsführung, 2006), pp. 275 – 292.

[219] Price, D. P. , "The Relationship between Innovation, Knowledge, and Performance in Family and Non-family Firms: an Analysis of SMEs", *Journal of Innovation & Entrepreneurship*, 2 (1), 2013, pp. 1 – 20.

[220] Protogerou, A. , Caloghirou, Y. , Lioukas, S. , "Dynamic Capabilities and their Indirect Impact on Firm Performance", *Industrial and Corporate Change*, 21 (3), 2012, pp. 615 – 647.

[221] Rebolledo, C. , Nollet, J. , "Learning from Suppliers in the Aerospace Industry", *International Journal of Production Economics*, 129 (2), 2011, pp. 328 – 337.

[222] Ritchie, B. K. , "Economic Upgrading in a State-coordinated, Liberal Market Economy", *Asia Pacific Journal of Management*, 2009, 26 (3), p. 435.

[223] Ritter, T. , Walter, A. , "Relationship-specific Antecedents of Customer Involvement in New Product Development", *International Journal of Technology Management*, 2003, pp. 482 – 501.

[224] Romer, P. M. , "Endogenous Technological Change", *Journal of Political Economy*, 98, 1990, pp. 71 – 102.

[225] Roth, M. S. , Jayachandran, S. , Dakhli, M. et al. , "Subsidiary Use of Foreign Marketing Knowledge", *Journal of International Marketing*, 17 (1), 2009, pp. 1 – 29.

[226] Rugman, A. M. , Chang, H. O. , "Does the Regional Nature of Multinationals Affect the Multinationality and Performance Relationship?", *International Business Review*, 19 (5), 2010, pp. 479 – 488.

[227] Rugman, A. M. , Verbeke, A. , Yuan, W. , "Reconceptualizing Bartlett and Ghoshal's Classification of National Subsidiary Roles in the Multinational Enterprise", *Journal of Management Studies*, 48, 2011, pp. 253 – 277.

[228] Ruigrok, W. , Amann, W. , Wagner, H. , "The Internationalization-performance Relationship at Swiss firms: A Test of the S-shape and Extreme Degrees of Internationalization", *Management International Review*, 47 (3), 2007, pp. 349 – 368.

[229] Schumpeter, J. A. , "The Meaning of Rationality in the Social Sciences", *Zeitschrift Für Die Gesamte Staatswissenschaft*, 140 (4), 1984, pp. 577 – 593.

[230] Schumpeter, J. A. , "A Theory of Economic Development", *Bloomsbury Business Library-Management Library*, 1934, pp. 61 – 116.

[231] Sheikh, S. , "The Impact of Market Competition on the Relation between CEO Power and Firm Innovation", *Journal of Multinational Financial Management*, 44, 2018.

[232] Siegel, P. H. , Borgia, C. R. , Lessard, J. et al. , "Multinational

Diversification and Performance: A Reevaluation of the Evidence", *International Journal of Accounting & Finance*, 7, 2012.

[233] Simmie, J., "Innovation and Urban Regions as National and International Nodes for the Transfer and Sharing of Knowledge", *Region*, 37, 2003, pp. 607 – 620.

[234] Sirmon, D. G., Hitt, M. A., "Managing Resources: Linking Unique Resources, Management, and Wealth Creation in Family Firms", *Entrepreneurship Theory & Practice*, 27, 2003, pp. 339 – 358.

[235] Spender, J. C., "Competitive Advantages from Tacit Knowledge?", *Organizational Learning and Competitive Advantage*, 1993, pp. 56 – 73.

[236] Spender, J. C., "Making Knowledge the Basis of the Dynamic Theory of the Firm", *Strategic Management Journal*, (17), 1996, pp. 45 – 62.

[237] Stata, R., "Organizational Learning: The Key to Management Innovation", *Sloan Management Review*, 30 (3), 1989, pp. 63 – 74.

[238] Sun, S. L., Peng, M. W., Ren, B. et al., "A Comparative Ownership Advantage Framework for Cross-border M&As: The Rise of Chinese and Indian MNEs", *Journal of World Business*, 47 (1), 2012, pp. 4 – 16.

[239] Tang, J. L. Y., Yang, H., "What I See, What I do: How Executive Hubris Affects Firm Innovation", *Journal of Management*, 41 (6), 2015, pp. 3 – 4.

[240] Teece, D. J., "Foreign Investment and Technological Development in Silicon Valley", *California Management Review*, 34 (2), 1992, pp. 88 – 106.

[241] Teece, D. J., Pisano, G., Shuen, A., "Dynamic Capabilities and Strategic Management", *Strategic Management Journal*, 1997, pp. 509 – 533.

[242] Teece, D. J., "Explicating Dynamic Capabilities: The Nature and Microfoundations of (Sustainable) Enterprise Performance", *Strategic Management Journal*, 28 (13), 2007, pp. 1319 – 1350.

[243] Teece, D. J., "Technological Know-How, Organizational Capabilities, and Strategic Management", *Social Science Electronic Publishing*, 23 (3), 2009.

[244] Thomas, D. E., Eden, L., "What is the Shape of the Multinationality-performance Relationship?", *Multinational Business Review*, 12 (1), 2004, pp. 89 – 110.

[245] Valtakoski, A., "Explaining Servitization Failure and Deservitization: A Knowledge-based Perspective", *Industrial Marketing Management*, 60, 2016.

[246] Vernon, R., "International Investment and International Trade in Product Cycle", *Quarterly Journal of Economics*, 80, 1966, pp. 190 – 207.

[247] Wang, C., Yi, J., Kafouros, M., Yan, Y., "Under What Institutional Conditions do Business Groups Enhance Innovation Performance?", *Journal of Business Research*, 68 (3), 2015, pp. 694 – 702.

[248] Wei, Z., Nguyen, Q. T. K., "Subsidiary Strategy of Emerging Market Multinationals: A Home Country Institutional Perspective", *International Business Review*, 26 (5), 2017, pp. 1009 – 1021.

[249] Welch, L. S., Luostarinen, R., "Internationalization: Evolution of a Concept", *Journal of General Management*, 14 (2), 1988, pp. 155 – 171.

[250] Wells, L. T., *Third World Multinationals: The Rise of Foreign Investments from Developing Contries* (Cambridge, MA: MIT Press, 1983).

[251] Wernerfelt, B., "A Resource-based View of the Firm", *Strategic Management Journal*, 5 (2), 1984, pp. 171 – 180.

[252] Williamson, P. J., Yin, E., "Innovation by Chinese EMNEs. In PJ Williamson, R. Ramamurti, A. Fleury and MT Fleury (eds.)", *The Competitive Advantage of Emerging Market Multinationals*, (Cambridge University Press, 2013), pp. 64 – 80.

[253] Winter, S. G., "Understanding Dynamic Capabilities", *Strategic Management Journal*, 24 (10), 2010, pp. 991 – 995.

[254] Yin, R., "Case Study Research. Design and Methods", *Journal of Advanced Nursing*, 44 (1), 2010, p. 108.

[255] Yli-Renko, H., Autio, E., Sapienza, H. J., "Social Capital, Knowledge Acquisition, and Knowledge Exploitation in Young Technology-based Firms", *Strategic Management Journal*, 22 (6 – 7), 2010, pp. 587 – 613.

[256] Zack, M. H., "Managing Codified Knowledge", *Sloan Management Review*, 40, 1999, pp. 45 – 58.

[257] Zedtwitz, M. V., "Managing Foreign R&D Labs in China", *Research-Technology Management*, 50 (3), 2004, pp. 19 – 27 (9).

[258] Zhu, H. M., Zhang, S. T., Jin, Z., "The Effects of Online So-

cial Networks on Tacit Knowledge Transmission", *Physica A Statistical Mechanics & Its Applications*, 441, 2015, pp. 192 – 198.

[259] Zonta, T. C. , Amal, M. , "Internationalization and Innovation: The Case of a Born Global from Brazil", *Review of International Business*, 13 (1), 2018, p. 63.

# 访谈提纲

1. 请先简单介绍企业的基本情况：贵公司成立时间是哪一年？主营业务包括哪些？现有员工人数是？近三年的新产品产出和销售情况是怎么样的？股权性质如何？目前的技术开发水平在行业内排名如何？

2. 了解到贵公司很重视全球化战略的实施，请问第一次进行对外直接投资（境外并购、建立子公司或者成立研发中心）是在哪一年？如果进行了多次对外直接投资，那么分别是什么时间？选择了哪些国家或地区？境外投资占比大概是多少？

3. 贵公司选择进行对外直接投资的初衷是什么？到目前为止，是否达到了预期的目标？进行对外直接投资对新专利或者新产品产生是否有影响？如果有，是通过什么途径实现呢？通过对外直接投资是否能够接触更多的稀有资源，并且得到更多的学习机会？

4. 贵公司日常与境外子公司是如何进行沟通交流的？（请举例）在进行境外投资的过程中会遇到哪些阻碍和困难？又是如何解决的？企业的规模大小、成立时间长短、研发投入、是否国有等企业特征方面的因素是否会影响企业从对外直接投资过程中学习？

5. 贵公司通过进行对外直接投资会使企业哪些方面发生变化？是否会对组织结构有所影响？是否会影响企业的日常经营管理模式和思维模式？

# 调查问卷

## 中国企业"走出去"研究调查问卷

尊敬的先生、女士：

　　您好！

　　非常感谢您在百忙之中抽出时间参与我们的调查！本问卷是一项学术研究调查，旨在研究企业进行对外直接投资对创新绩效的影响和作用机制。您的见解和意见对我们的调查项目研究至关重要。本问卷纯属学术研究之用，所获信息也绝不用于任何商业目的，请您放心并尽可能根据实际情况客观回答。如果您对本研究的结论感兴趣，请在问卷结尾处注明，并留下您的通信方式，我们会将研究成果及时发送给您。

### 第一部分：公司基本信息

1.1 贵公司成立年份_____

1.2 贵公司性质_____

A. 国有　　　　B. 私营　　　　C. 合资　　　　D. 其他

1.3 贵公司员工人数约为_____

1.4 贵公司所在行业_____

1.5 贵公司内部研发投入占销售收入的比重约为_____

1.6 贵公司受访人职务_____

A. 高层管理者 　　　　　　　　B. 中层管理者

## 第二部分：企业对外直接投资

本问卷调查企业对外直接投资情况，对外直接投资指通过并购或者绿地投资方式进行境外经营，研究的跨国公司对象必须在境外有子公司，出口等其他境外经营方式并不在本问卷的考察范围内，请填写人按近三年实际的对外直接投资情况填写。

2.1 境外子公司销售额占总销售的比重约为_____

2.2 境外子公司资产占总资产的比重约为_____

2.3 境外子公司雇员包括外籍华人占全部雇员的比重约为_____

2.4 境外子公司及分支机构占全部子公司及分支机构的比重约为_____

2.5 境外子公司及分支机构涉及的国家或地区市场的数目为_____个

2.6 建立首家境外子公司的时间是_____年

2.7 贵公司最近一次对外直接投资的国家或地区个数为_____

2.8 贵企业对外投资涉及的文化区域为_____（可多选）

A. 儒教亚洲（中国台湾、中国香港、日本、新加坡、韩国）

B. 东南亚（印度、印尼、菲律宾、马来西亚、泰国）

C. 阿拉伯国家（卡塔尔、摩洛哥、埃及、科威特）

D. 撒哈拉以南非洲（纳米比亚、赞比亚、津巴布韦、南非、尼日利亚）

E. 拉丁美洲（哥斯达黎加、委内瑞拉、厄瓜多尔、玻利维亚、巴西、墨西哥、阿根廷等）

F. 东欧（匈牙利、俄罗斯、阿尔巴尼亚、波兰、希腊等）

G. 日耳曼欧洲（奥地利、瑞士、荷兰、德国）

H. 北欧（芬兰、瑞典、丹麦）

I. 拉丁欧洲（意大利、葡萄牙、西班牙、法国）

J. 安格洛（英国、美国、澳大利亚、新西兰、加拿大、爱尔兰）

## 第三部分：问卷

下面表格中有一些问项，请根据您对各问项的同意程度（以数字代表：1－非常不同意，2－不同意，3－一般，4－同意，5－非常同意），在相应选项分数上打"√"。

| 代码 | 问项 | 选项 |
|---|---|---|
| 显性知识获取 | | |
| a | 企业能从东道国获得大量先进的专利技术和新产品 | 1 2 3 4 5 |
| 隐性知识获取 | | |
| A1 | 企业通过与境外人员交流和互动，获得与技术改进相关的信息 | 1 2 3 4 5 |
| A2 | 企业通过与境外人员交流和互动，获得与企业管理相关的经验 | 1 2 3 4 5 |
| A3 | 企业通过与境外人员交流和互动，获得与市场拓展相关的观点 | 1 2 3 4 5 |
| A4 | 企业通过与境外人员交流和互动，获得与产品服务开发相关的观点 | 1 2 3 4 5 |
| A5 | 企业通过与境外人员交流和互动，获得与市场营销相关的技能 | 1 2 3 4 5 |
| 创新绩效 | | |
| B1 | 企业开展对外直接投资后，企业新产品明显增加 | 1 2 3 4 5 |
| B2 | 企业开展对外直接投资后，企业产品和服务的改进与创新有更好的市场反应 | 1 2 3 4 5 |
| B3 | 企业开展对外直接投资后，企业的生产设备更加先进 | 1 2 3 4 5 |
| B4 | 企业开展对外直接投资后，企业的工艺流程更加先进 | 1 2 3 4 5 |

续表

| 代码 | 问项 | 选项 |
|---|---|---|
| B5 | 企业开展对外直接投资后，采取更多可以改善绩效的新政策 | 1　2　3　4　5 |
| B6 | 企业开展对外直接投资后，更倾向于尝试不同的管理流程加速实现目标 | 1　2　3　4　5 |
| 组织结构有机性 | | |
| C1 | 企业组织机构的管理层级数量少 | 1　2　3　4　5 |
| C2 | 企业内部进行决策时，一般需要由最高层级组织机构审批 | 1　2　3　4　5 |
| C3 | 企业内部组织机构的职能呈现多样性，非单一性 | 1　2　3　4　5 |
| 母国网络关系嵌入性的测度：信任 | | |
| D1 | 母国合作伙伴与贵公司在商谈时都能做到实事求是 | 1　2　3　4　5 |
| D2 | 母国合作伙伴与贵公司都能信守承诺 | 1　2　3　4　5 |
| D3 | 母国合作伙伴没有误导本企业的行为 | 1　2　3　4　5 |
| D4 | 母国合作伙伴不会利用贵公司的弱点来获取不当利益 | 1　2　3　4　5 |
| 母国网络关系嵌入性的测度：信息共享 | | |
| E1 | 母国合作伙伴与贵公司信息交换频繁，而非局限于既定的协议 | 1　2　3　4　5 |
| E2 | 母国合作伙伴与贵公司相互提醒可能存在的问题和变化 | 1　2　3　4　5 |
| E3 | 母国合作伙伴与贵公司尽可能地相互提供所需的信息 | 1　2　3　4　5 |
| E4 | 母国合作伙伴与贵公司能分享其未来的发展计划 | 1　2　3　4　5 |
| 母国网络关系嵌入性的测度：共同解决问题 | | |
| F1 | 母国合作伙伴与贵公司能共同负责完成任务 | 1　2　3　4　5 |
| F2 | 母国合作伙伴与贵公司能互相帮助来解决合作中遇到的实际问题 | 1　2　3　4　5 |
| F3 | 母国合作伙伴与贵公司能够协作克服困难 | 1　2　3　4　5 |

# 部分数据处理过程

## 1.1 创新绩效的处理与因子分析

由于共 6 个指标，为了对模型进行简化，我们对其进行因子分析。KMO 值为 0.88，适合进行因子分析。我们按照特征值大于 1，以及因子累计方差贡献率大于 60% 的方法对因子进行选择。我们采用最大方差旋转方法对因子进行旋转。共提取出 3 个主因子。3 个主因子的旋转成分矩阵如附表 1 所示。

附表 1　创新绩效的主因子旋转成分矩阵

| 指标 | 主因子 1 | 主因子 2 | 主因子 3 |
|------|---------|---------|---------|
| B1 | 0.333 | 0.887 | 0.313 |
| B2 | 0.683 | 0.450 | 0.154 |
| B3 | 0.677 | 0.294 | 0.319 |
| B4 | 0.639 | 0.297 | 0.318 |

| 指标 | 主因子 1 | 主因子 2 | 主因子 3 |
|------|---------|---------|---------|
| B5 | 0.349 | 0.291 | 0.678 |
| B6 | 0.635 | 0.146 | 0.343 |

其中，主因子 1 主要包含 B2、B3、B4 和 B6 4 个指标的信息（可根据值是否大于 0.6 来判断）；主因子 2 主要包括 B1 的信息；主因子 3 主要包括 B5 的信息。

各主因子对应的方差贡献率如附表 2 所示。

附表 2　创新绩效的主因子方差贡献率

| 统计指标 | 主因子 1 | 主因子 2 | 主因子 3 |
|---------|---------|---------|---------|
| SS loadings | 1.968 | 1.269 | 0.902 |
| 方差贡献率 | 0.328 | 0.211 | 0.150 |
| 累计方差贡献率 | 0.328 | 0.539 | 0.689 |

为计算潜变量"创新绩效"的具体指标值，我们可以通过以下计算方法获得：

变量得分 = 因子 1 的方差贡献率 × 因子 1 的得分 + 因子 2 的方差贡献率 × 因子 2 的得分 + 因子 3 的方差贡献率 × 因子 3 的得分……

## 1.2　隐性知识获取的处理与因子分析

由于共 5 个指标，为了对模型进行简化，我们对其进行因子分析。KMO 值为 0.84，适合进行因子分析。我们按照特征值大于 1，以及因子累计方差贡献率大于 60% 的方法对因子进行选择。我们采用最大方差旋转方法对因子进行旋转。共提取出 1 个主因子，该主因子的旋转成分矩阵如附表 3 所示。

附表 3　隐性知识获取的主因子旋转成分矩阵

| 指标 | 主因子 1 |
| --- | --- |
| A1 | 0.857 |
| A2 | 0.870 |
| A3 | 0.886 |
| A4 | 0.998 |
| A5 | 0.881 |

该主因子的方差贡献率达到 0.809，对于隐性知识获取的衡量，我们直接采用该主因子的得分代替，因为该主因子已包含 5 个指标的所有信息。

## 1.3　对外直接投资的处理与因子分析

### 1.3.1　对外直接投资深度

对标准化的数值进行因子分析。KMO 值为 0.88，由于进行因子分析要求指标包含 3 个或以上，我们的数据中刚好是 3 个指标，因此可以进行因子分析。我们采用最大方差旋转方法对因子进行旋转。共提取出 1 个主因子，该主因子的旋转成分矩阵如附表 4 所示。

附表 4　对外直接投资深度的主因子旋转成分矩阵

| 指标 | 主因子 1 |
| --- | --- |
| Depth. 1 | 0.954 |
| Depth. 2 | 0.887 |

| 指标 | 主因子 1 |
|---|---|
| Depth. 3 | 0.897 |

该主因子的方差贡献率达到 0.901，对于对外直接投资深度的衡量，我们直接采用该主因子的得分代替。因为该主因子已包含 3 个指标的所有信息。

### 1.3.2　对外直接投资广度

由于 3 个小指标的量纲不一样，我们对其进行标准化处理，得到综合反映对外直接投资广度的指标。对每个小指标进行标准化处理，将其变成区间为 [0, 1] 的值。得到 3 个标准化处理值后，对其取平均值，即得到对外直接投资广度的指标。具体处理公式如下：

$$New\_x = [x - min(x)] / [max(x) - min(x)]$$
$$Wide = 1/3(New\_x1 + New\_x2 + New\_x3)$$

对标准化的数值进行因子分析。KMO 值为 0.61，由于进行因子分析要求指标包含 3 个或以上，我们的数据中刚好是 3 个指标，因此可以进行因子分析。我们采用最大方差旋转方法对因子进行旋转。共提取出 1 个主因子，该主因子的旋转成分矩阵如附表 5 所示。

附表 5　对外直接投资广度的主因子旋转成分矩阵

| 指标 | 主因子 1 |
|---|---|
| Wide. 1 | 0.515 |
| Wide. 2 | 0.987 |
| Wide. 3 | 0.953 |

该主因子的方差贡献率达到 0.716，对于对外直接投资广度的衡量，我们直接采用该主因子的得分代替，因为该主因子已包含 3 个指标的所有信息。

### 1.3.3 对外直接投资速度

由于 3 个指标量纲不一样，且反映的维度不一样，第一个是时间，第二个和第三个是速度，因此，通过将时间变量标准化到 [0，1] 区间，将速度变量标准化到 [0，1] 区间，即可统一作用方向。两值取平均值即可综合反映企业的对外直接投资速度。数值越大，表示对外直接投资速度越快。

对标准化后的 3 个指标做因子分析。KMO 值为 0.63，可进行因子分析。我们采用最大方差旋转方法对因子进行旋转。共提取出 1 个主因子，该主因子的旋转成分矩阵如附表 6 所示。

**附表 6　对外直接投资速度的主因子旋转成分矩阵**

| 指标 | 主因子 1 |
|---|---|
| Speed. 1 | 0. 580 |
| Speed. 2 | 0. 773 |
| Speed. 3 | 0. 662 |

该主因子的方差贡献率达到 0.69，对于对外直接投资速度的衡量，我们直接采用该主因子的得分代替，因为该主因子已包含 3 个指标的所有信息。

## 1.4　组织结构有机性的处理与因子分析

对这 3 个指标进行因子分析。KMO 值为 0.6，可进行因子分析。

采用最大方差旋转方法对因子进行旋转。共提取出 1 个主因子,该主因子的旋转成分矩阵如附表 7 所示。

附表 7　组织结构有机性的主因子旋转成分矩阵

| 指标 | 主因子 1 |
|------|---------|
| C1 | 0.501 |
| C2 | 0.587 |
| C3 | 0.542 |

该主因子的方差贡献率达到 0.61,对于组织结构有机性的衡量,我们直接采用该主因子的得分代替,因为该主因子已包含 3 个指标的所有信息。

## 1.5　母国网络关系嵌入性的处理与因子分析

这 11 个指标的 KMO 值为 0.88,适合做因子分析。按照特征值大于 1,以及因子累计方差贡献率大于 60% 的方法对因子进行选择。采用最大方差旋转方法对因子进行旋转。共提取出 6 个主因子,6 个主因子的旋转成分矩阵如附表 8 所示。

附表 8　母国网络关系嵌入性的主因子旋转成分矩阵

| 指标 | 主因子 1 | 主因子 2 | 主因子 3 | 主因子 4 | 主因子 5 | 主因子 6 |
|------|---------|---------|---------|---------|---------|---------|
| D1 | 0.233 | 0.121 | 0.325 | 0.887 | — | 0.175 |
| D2 | 0.477 | — | 0.497 | 0.193 | 0.134 | 0.231 |
| D3 | 0.188 | 0.248 | 0.638 | 0.255 | — | — |
| D4 | 0.438 | 0.311 | 0.145 | 0.429 | 0.203 | — |

| 指标 | 主因子1 | 主因子2 | 主因子3 | 主因子4 | 主因子5 | 主因子6 |
|------|---------|---------|---------|---------|---------|---------|
| E1 | 0.220 | 0.152 | 0.152 | 0.155 | 0.216 | 0.829 |
| E2 | 0.187 | 0.199 | 0.195 | — | 0.884 | 0.220 |
| E3 | — | 0.601 | 0.131 | 0.231 | 0.153 | 0.243 |
| E4 | 0.145 | 0.252 | 0.479 | 0.118 | 0.223 | 0.141 |
| F1 | 0.667 | 0.308 | 0.270 | 0.260 | 0.133 | 0.207 |
| F2 | 0.476 | 0.355 | 0.346 | 0.132 | 0.237 | 0.211 |
| F3 | 0.258 | 0.651 | 0.168 | 0.005 | — | — |

**图书在版编目（CIP）数据**

企业对外直接投资与创新绩效 / 陈晔婷著. —— 北京：
社会科学文献出版社，2020.12
ISBN 978 - 7 - 5201 - 7457 - 2

Ⅰ.①企…　Ⅱ.①陈…　Ⅲ. 企业 - 对外投资 - 直接
投资 - 影响 - 企业创新 - 研究 - 中国　Ⅳ.①F279.23

中国版本图书馆 CIP 数据核字（2020）第 198532 号

## 企业对外直接投资与创新绩效

著　　者 / 陈晔婷

出 版 人 / 谢寿光
责任编辑 / 高　雁
文稿编辑 / 胡　楠

出　　版 / 社会科学文献出版社 · 经济与管理分社（010）59367226
地址：北京市北三环中路甲 29 号院华龙大厦　邮编：100029
网址：www. ssap. com. cn
发　　行 / 市场营销中心（010）59367081　59367083
印　　装 / 三河市尚艺印装有限公司

规　　格 / 开　本：787mm × 1092mm　1/16
印　张：12.5　字　数：156 千字
版　　次 / 2020 年 12 月第 1 版　2020 年 12 月第 1 次印刷
书　　号 / ISBN 978 - 7 - 5201 - 7457 - 2
定　　价 / 98.00 元

本书如有印装质量问题，请与读者服务中心（010 - 59367028）联系